校企合作大数据与会计专业精品教材

财经应用文写作

主审　黄海英

主编　邓　华　王　春　彭　赛

内容提要

本书根据学生在校期间、择业之时和就业之后的实际需求，系统介绍了财经应用文写作的相关知识。本书在编写过程中遵循实用、新颖、全面的原则，重点介绍了常见财经应用文的基础知识、结构与写法及其撰写时的注意事项等。全书共分为8个项目，涉及财经公务文书、财经事务文书、财经求职文书、财经社交文书、财经宣传文书、财经报告文书、财经契约文书和财经法律文书。

本书的结构清晰明了，语言简洁凝练，可作为大数据与会计及其相关专业的教材。

图书在版编目（CIP）数据

财经应用文写作 / 邓华，王春，彭赛主编. -- 上海：上海交通大学出版社，2024.6
ISBN 978-7-313-29941-3

Ⅰ. ①财… Ⅱ. ①邓… ②王… ③彭… Ⅲ. ①经济－应用文－写作－高等职业教育－教材 Ⅳ. ①F

中国国家版本馆CIP数据核字(2023)第230185号

财经应用文写作
CAIJING YINGYONGWEN XIEZUO

主　　编：邓　华　王　春　彭　赛
出版发行：上海交通大学出版社　　地　　址：上海市番禺路951号
邮政编码：200030　　电　　话：021-64071208
印　　制：北京谊兴印刷有限公司　　经　　销：全国新华书店
开　　本：787 mm×1092 mm　1/16　　印　　张：13.75
字　　数：318千字
版　　次：2024年6月第1版　　印　　次：2024年6月第1次印刷
书　　号：ISBN 978-7-313-29941-3　　电子书号：ISBN 978-7-89424-479-6
定　　价：45.00元

前言

财经应用文是人们在长期的财经活动中形成的一种文体，具有独特的惯用格式。随着经济的发展和社会的进步，财经应用文逐渐成为企事业单位、社会团体或个人处理经济事务、加强财经管理、传递经济信息，以及人们在社会交往、经贸交流中使用的重要工具。对于从事财经及相关工作的人员来说，能够撰写财经应用文已成为其必备的工作技能之一。

“财经应用文写作”是一门实用性较强的课程。为了让学生快速掌握财经应用文写作的基本技能，提升其财经应用文写作的基本素养，本书采用理论与实践相结合的方式介绍了常用的财经应用文的基础知识、结构与写法及其撰写时的注意事项等，真正体现了项目化教学的特色。

总体而言，本书具有以下几个特色。

（1）立德树人，德技并修

党的二十大报告指出：“育人的根本在于立德。”本书积极贯彻党的二十大精神，积极践行“立德树人，德技并修”的编写理念，将专业精神、法治意识、道德修养、职业理想和职业道德等内容融入正文内容和相关模块中，引导学生将个人价值实现与国家繁荣富强紧密相连，力求培养有担当、高素质、高水平的专业型人才。

（2）校企合作，协同育人

本书在一线“双师型”教师和行业专业人员的指导与支持下编写而成。内容安排充分考虑教学大纲要求与企业人才需求，紧紧围绕岗位要求，强调实用性与针对性，从而提升了本书的职业属性；模块设置强调学生在整个学习过程中的核心地位，突出了学生参与课堂教学和动手实践等教学理念。

（3）能力导向，理念创新

本书以促进学生发展为导向，力求帮助学生获得今后走向社会所需要的基本技能，如自主学习能力、信息搜集与处理能力、写作能力等。同时，本书积极探索模块化教学模式，采用“项目－任务”式的编写模式组织内容。

（4）模块清晰，注重实践

本书精心设计了多个模块，每个项目都设有“学习目标”“课堂互动”“项目自测”“项目评价”等模块，在每一个任务中设置了“职业场景”“范文赏析”“病文会诊”“写作训练”等模块，各个模块的作用如下。

- ❖ **学习目标：**阐述学生在学完本项目后应达到的“素养目标”“知识目标”“能力目标”。
- ❖ **课堂互动：**设置一些简单有趣的问题，方便学生探讨有关财经应用文写作的学习心得。
- ❖ **项目自测：**设置不定项选择题和简答题，旨在检验学生对知识的掌握程度。
- ❖ **项目评价：**采用自评、互评和师评的方式，从知识与技能、过程与方法、综合素养 3 个方面对学生的学习成果进行评价。
- ❖ **职业场景：**列举每一种文体在实际工作中的应用场景，并设置简单有趣的问题，引发学生思考，使其带着问题学习理论知识。
- ❖ **范文赏析：**挑选结构完整、格式规范的财经应用文，并对其进行深入剖析，使学生直观地感受各种文体的写作要领，具有较强的指导性。
- ❖ **病文会诊：**列举存在问题的财经应用文，引导学生主动发现问题、解决问题，并在之后的写作中杜绝此类问题。
- ❖ **写作训练：**提供相关材料，让学生独立撰写各类文书，进而切实提高学生的写作水平。

（5）平台支撑，资源丰富

本书配有丰富的数字资源，学生可以借助手机或其他移动设备扫描二维码观看微课视频，也可以登录文旌综合教育平台“文旌课堂”查看和下载本书配套资源，如教学课件、课后习题答案等。学生在学习过程中有任何疑问，都可以登录该平台寻求帮助。

此外，本书还提供了在线题库，支持“教学作业，一键发布”，教师只需通过微信或“文旌课堂”App 扫描扉页二维码，即可迅速选题、一键发布、智能批改，并查看学生的作业分析报告，提高教学效率、提升教学体验。学生可在线完成作业，巩固所学知识，提高学习效率。

本书由黄海英担任主审，邓华、王春、彭赛担任主编，祝子媛、李丹、刘奕辰、冯萃萃、王杰、伍梦伊、邓曦担任副主编。由于编者水平有限，书中存在的疏漏和不妥之处，诚请广大读者批评指正。

特别说明：

（1）在编写本书的过程中，我们参考了大量资料并引用了部分文章。这些引用的资料大部分已获授权，但由于部分注明来源的资料来自网络，我们暂时无法联系到原作者。对此，我们深表歉意，并欢迎原作者随时与我们联系，我们将按规定支付酬劳。

（2）本书所选案例均来源于真实事件，但为了避免引起不必要的误会，部分人物使用了化名。

（3）本书没有注明资料来源的案例均为编者根据真实事件改编。

本书配套资源下载网址和联系方式

网址：https://www.wenjingketang.com

电话：400-117-9835

邮箱：book@wenjingketang.com

片 头

目录

绪论　文以载道，以文化人——财经应用文写作基础知识……1

一、财经应用文写作概览……2
二、财经应用文的主题……2
三、财经应用文的材料……4
四、财经应用文的结构……5
五、财经应用文的语言……6

项目一　措辞得当，挥洒自如——财经公务文书……10

财经公务文书概览……11
一、财经公务文书的概念……11
二、财经公务文书的作用……11
三、财经公务文书的文面格式和印装格式……12
四、撰写财经公务文书时的注意事项……19

任务一　掌握通知、通报的写作方法……19
职业场景……19
一、通知……19
二、通报……22
范文赏析……24
病文会诊……26
写作训练……26

任务二　掌握报告、请示、批复的写作方法……27
职业场景……27
一、报告……27
二、请示……29
三、批复……32
范文赏析……34
病文会诊……36
写作训练……37

任务三　掌握函、会议纪要的写作方法……38
职业场景……38
一、函……38
二、会议纪要……40
范文赏析……43
病文会诊……45
写作训练……46

项目自测……47
项目评价……49

项目二 拨烦理乱，言简意赅——财经事务文书……50

财经事务文书概览……51
一、财经事务文书的概念……51
二、财经事务文书的作用……51
三、财经事务文书的写作要求……51
任务一 掌握计划、总结的写作方法……52
职业场景……52
一、计划……52
二、总结……56
范文赏析……59
病文会诊……62
写作训练……64
任务二 掌握条据、启事的写作方法……64
职业场景……64
一、条据……64
二、启事……67
范文赏析……68
病文会诊……69
写作训练……70
项目自测……70
项目评价……72

项目三 毛遂自荐，礼貌辞别——财经求职文书……73

财经求职文书概览……74
一、财经求职文书的概念……74
二、财经求职文书的写作要求……74
任务一 掌握求职信、辞职信的写作方法……75
职业场景……75
一、求职信……75
二、辞职信……77
范文赏析……78
病文会诊……80
写作训练……81
任务二 掌握推荐信的写作方法……81
职业场景……81
一、推荐信的概念……82
二、推荐信的结构与写法……82
三、撰写推荐信时的注意事项……83
范文赏析……83
病文会诊……84
写作训练……84
项目自测……85
项目评价……86

项目四 以礼相待，德才兼备——财经社交文书……87

财经社交文书概览……88
一、财经社交文书的概念……88
二、财经社交文书的种类……88
三、财经社交文书的写作要求……88
任务一 掌握请柬、邀请函的写作方法……89
职业场景……89
一、请柬……89

二、邀请函 ……………………………90
范文赏析 ……………………………91
病文会诊 ……………………………92
写作训练 ……………………………93
任务二 掌握介绍信、证明信的写作方法……………………93
职业场景 ……………………………93
一、介绍信……………………………94
二、证明信……………………………96
范文赏析……………………………97
病文会诊……………………………98
写作训练……………………………99
项目自测……………………………100
项目评价……………………………101

项目五 以笔为戎，叱咤商海——财经宣传文书……………………102

财经宣传文书概览……………………103
一、财经宣传文书的概念……………103
二、财经宣传文书的作用……………103
三、财经宣传文书的写作要求……103
任务一 掌握经济消息的写作方法……………………104
职业场景 ……………………………104
一、经济消息的概念和特点………104
二、经济消息的种类………………105
三、经济消息的结构与写法………106
四、撰写经济消息时的注意事项…107
范文赏析 ……………………………107
病文会诊 ……………………………108
写作训练……………………………108
任务二 掌握产品说明书、产品广告文案、营销策划书的写作方法……………………109
职业场景……………………………109
一、产品说明书……………………109
二、产品广告文案…………………112
三、营销策划书……………………116
范文赏析……………………………118
病文会诊……………………………120
写作训练……………………………122
项目自测……………………………123
项目评价……………………………124

项目六 严谨求实，清晰明了——财经报告文书……………………125

财经报告文书概览……………………126
一、财经报告文书的概念……………126
二、财经报告文书的作用……………126
三、财经报告文书的写作要求……127
任务一 掌握简报、调查报告的写作方法……………………127
职业场景 ……………………………127
一、简报 ……………………………128
二、调查报告 ………………………131
范文赏析……………………………135
病文会诊……………………………138
写作训练……………………………139
任务二 掌握财务分析报告的写作方法……………………140
职业场景……………………………140
一、财务分析报告的概念…………140
二、财务分析报告的种类…………140
三、财务分析报告的结构与写法…141

四、撰写财务分析报告时的注意事项……142
范文赏析……142
病文会诊……143
任务三 掌握可行性研究报告的写作方法……144
职业场景……144
一、可行性研究报告的概念……145
二、可行性研究报告的特点……145
三、可行性研究报告的种类……145
四、可行性研究报告的结构与写法……146
五、撰写可行性研究报告时的注意事项……147
范文赏析……147
病文会诊……149
写作训练……151
项目自测……151
项目评价……153

项目七 点指画字，深入浅出——财经契约文书……154

财经契约文书概览……155
一、财经契约文书的概念……155
二、财经契约文书的作用……155
三、财经契约文书的写作要求……155
任务一 掌握意向书的写作方法……156
职业场景……156
一、意向书的概念……156
二、意向书的特点……156
三、意向书的结构与写法……157
四、撰写意向书时的注意事项……158
范文赏析……158
病文会诊……159
写作训练……160
任务二 掌握协议书的写作方法……160
职业场景……160
一、协议书的概念……160
二、协议书的特点……161
三、协议书的结构与写法……161
四、撰写协议书时的注意事项……162
范文赏析……162
病文会诊……163
写作训练……164
任务三 掌握招标书、投标书的写作方法……164
职业场景……164
一、招标书……165
二、投标书……167
范文赏析……169
病文会诊……172
写作训练……174
任务四 掌握经济合同的写作方法……174
职业场景……174
一、经济合同的概念……175
二、经济合同的特点……175
三、经济合同的种类……175
四、经济合同的结构与写法……176
五、撰写经济合同时的注意事项……178
范文赏析……178
病文会诊……180
写作训练……181
项目自测……182
项目评价……183

项目八 对簿公堂，凿凿可据——财经法律文书……184

财经法律文书概览……185
一、财经法律文书的概念……185
二、财经法律文书的作用……185
三、财经法律文书的写作要求……185
任务一 掌握仲裁文书的写作方法……186
职业场景……186
一、仲裁文书的概念和种类……186
二、仲裁文书的特点……186
三、仲裁文书的结构与写法……187
四、撰写仲裁文书时的注意事项……188
范文赏析……189
病文会诊……192
写作训练……193
任务二 掌握经济诉讼文书的写作方法……193
职业场景……193
一、经济诉讼文书概述……193
二、经济纠纷起诉状……194
三、经济纠纷上诉状……195
四、经济纠纷申诉状……197
五、经济纠纷答辩状……198
范文赏析……200
病文会诊……203
写作训练……205
项目自测……205
项目评价……207

参考文献……208

绪论

文以载道，以文化人
——财经应用文写作基础知识

素养目标

（1）培养理性思维和透过现象看本质的能力。

（2）培养认真细致、严谨求实的工作态度。

知识目标

（1）了解财经应用文的概念、种类和特点。

（2）明确财经应用文主题的写作要求及其表现方式。

（3）理解财经应用文材料的概念和选材的方法与要求。

（4）熟悉财经应用文的结构类型、语言的表达要求和表达方式。

能力目标

能够分析财经应用文的主题、材料、结构和语言特点。

一、财经应用文写作概览

（一）财经应用文的概念

应用文是指人们在社会活动中处理公私事务、沟通信息时常用的且具有惯用格式的一种文体。财经应用文是应用文的一个分支，指人们在处理财经方面的事务、沟通财经方面的信息时所使用的应用文。

财经应用文大致可分为财经公务文书、财经事务文书、财经求职文书、财经社交文书、财经宣传文书、财经报告文书、财经契约文书和财经法律文书等类别。

（二）财经应用文的特点

与其他文体相比，财经应用文具有其自身的特点，即实用性、时效性、真实性、规范性和政策性。

1. 实用性

实用性是财经应用文最根本的特点，也是它与文学作品的主要区别之一。文学作品通常以塑造艺术形象、反映社会生活为目的，而财经应用文主要是用来处理事务、解决工作中的实际问题的。

2. 时效性

财经应用文是为了处理事务、解决实际问题而作。因而，财经应用文在不同时间发出，其效用明显不同。例如，会议通知若是在会后发出，则其效用为零。

3. 真实性

财经应用文中涉及的事件、人物、时间、地点必须真实、准确，数据必须确凿无误。

4. 规范性

财经应用文与其他文体有一个很重要的区别就是其具有惯用格式，这种格式或是约定俗成的，或是法定的。另外，财经应用文在用词和句式上也表现出模式化的特点。

5. 政策性

财经应用文产生于实际的财经活动，并且受财经活动的制约。一切组织和个人的财经活动都受到国家相关法律法规的约束，都必须在相关法律法规允许的范围内进行。

二、财经应用文的主题

（一）财经应用文主题概述

财经应用文的主题是指贯穿全文的基本观点、看法、意见或要说明的主要问题，即财经应用文的中心思想。

财经应用文的主题和文学作品的主题有所不同。文学作品的主题通常来源于生活，是撰写者对社会现象的反映，而财经应用文的主题通常是事务处理意见的体现；文学作品的主题通常是含蓄的，而财经应用文的主题通常是显明的；文学作品的主题常通过艺术意境的营造和艺术形象的塑造来表现，而财经应用文的主题常通过事实材料来表现。

（二）财经应用文主题的写作要求

1. 正确

主题正确是指财经应用文的主题必须符合党和国家的路线、方针、政策，符合国家相关法律法规，符合客观实际，符合发文单位的管理职权和领导的管理意图，能够正确反映现实社会的实际情况，揭示事物的本质和规律，并且经得住实践的检验。财经应用文只有主题正确，才能确保各项财经活动的顺利推进；否则，将会给财经活动带来不便和损失，甚至造成无法弥补的后果。

2. 鲜明

财经应用文本身的特性决定了其主题必须分明且确定，如赞成什么、反对什么，提倡什么、禁止什么，肯定什么、否定什么，均要直截了当地表述，让人一目了然，一读即懂，切记不能含混晦涩，更不能吞吞吐吐。

3. 集中

一般情况下，文学作品的主题具有复杂性，且表现形式多元化。而财经应用文的主题却是单一的、集中的，即一篇财经应用文只能有一个主题。这不仅有利于相关人员果断地判断财经应用文的行文意图和基本要求，提高办事效率，也便于有效地发挥财经应用文的实际效用。

4. 客观

文学作品的主题是从生活中或已获取的材料中提炼出来的，是作者对生活的有感而发，往往反对主题先行。而财经应用文的主题则应适应客观实际的需要，应在全文写作之前予以确立。

（三）财经应用文主题的表现方式

财经应用文主题的表现方式主要有以下 5 种。

1. 标题明旨

标题明旨是指在标题中把财经应用文的主题明确地表达出来。这种表现方式极为简便，尤其适用内容单一、简短的财经应用文。例如，“××市人民检察院关于认真查办巨额财产来源不明犯罪案件的通知”这一标题，明确地表达了此篇财经应用文的主要内容和行文意图，即“查办巨额财产来源不明犯罪案件”，使受文单位一目了然。

2. 开篇破题

开篇破题是指在正文开头直接、明确地揭示主题，使读者在开篇就知道全文的主题。财经公务文书、财经报告文书和财经契约文书等类别的财经应用文多采用这种写法。例如，某公司的会议通知以“为了增强新产品在电子产品市场上的综合竞争力，以及做好客户管理工作，本公司特举办此次新产品咨询洽谈会。本次会议具体事项如下：……”开篇，引出下文。

财经应用文主题与文学作品主题到底有哪些不同

3．篇中立题

篇中立题是指在正文中用一两句精辟的话点明主题，给人以鲜明、深刻的印象，实现“片言居要”的效果。在撰写总结、报告等一些篇幅较长的财经应用文时，由于阐述的问题较多，撰写者往往需要在篇中立题，以便层层深入，剖析事物内在的规律。

4．篇末点题

篇末点题是指在文末点明主题，或在文末再次强调主题，使结尾与开头相呼应。这种表现主题的方式具有总结全文或首尾呼应的效果，主要用于一些叙述性较强的财经应用文，如总结、调查报告等。

5．一线贯题

一线贯题是指主题在文中犹如一条线，贯穿于全文的各个部分，使各个部分的内容形成一个有机的整体。这种方法主要用于各种财经事务文书。

三、财经应用文的材料

（一）财经应用文材料概述

财经应用文的材料是指为了某一写作目的，从现实工作、生活中搜集并写入应用文，用以说明主题的一系列事实或论据，如事件、数据、例证、道理等。材料是写作的基础，没有充实的材料，财经应用文就显得空洞苍白，难以令人信服。

（二）财经应用文选材的方法

财经应用文选材的方法有以下两种：① 通过深入实际调查研究获取第一手资料；② 通过搜集相关信息获取第二手资料，如查阅统计数据、文件档案、报刊书籍，观看影像资料等。

（三）财经应用文选材的要求

财经应用文选用的材料应当符合以下几项要求。

1．真实

材料真实是财经应用文选材的基本要求。财经应用文如果选用的材料不真实，就会导致相关单位决策失误或出现执行偏差，进而给单位造成不可估量的损失。

具体来说，材料真实包含以下两层意思：其一是现象真实，即确有其事，不是虚假

的、编造的；其二是本质真实，即材料反映的不是个别的、偶然的现象，而是事物的根本性质、内部联系。某一材料如果只是现象真实而非本质真实，也不属于真实材料的范畴。

2．切题

切题是指财经应用文选用的材料必须满足表现主题的需要。材料的选择应紧贴主题，选出的材料应能说明主题。凡与主题相悖的材料都不能选用，即使是能表现主题但缺乏说服力的材料也应坚决舍弃。

3．典型

典型是指财经应用文选用的材料应能深刻反映事物的本质和规律，具有广泛的代表性和强大的说服力，能够起到以少胜多的作用。例如，具有代表性的人物和事例、具有说服力的数据、具有权威性的话语等，都是现实生活中客观存在的典型材料。材料如果不典型，就会难以令人信服，行文的主张和意图也难以体现。

4．新颖

新颖是指财经应用文选用的材料应反映新事物、新情况、新信息、新问题、新矛盾，传达具有时代特色的新经验、新见解、新结论。材料新颖主要有以下两层意思：其一是新产生的、新发现的，别人没有使用过的材料；其二是旧材新用，使人们已发现、已使用的材料呈现出新的面貌。

在信息时代，作为信息载体的财经应用文必须及时反映新动态、新情况，迅速地将新事件、新思路、新面貌、新经验、新成就广为传播，以便在市场经济中更好地发挥作用。

四、财经应用文的结构

（一）财经应用文结构概述

财经应用文的结构是指应用文内部的组织构造及其所反映出的外部形态，它是财经应用文的“骨骼”。安排结构实质上是解决“以怎样的思路来组织材料、用怎样的外部形态来反映内容”的问题，即谋篇布局问题。结构安排一般涉及一篇财经应用文分几层写、哪些材料先写、哪些材料后写、哪些内容详写、哪些内容略写，段落之间如何过渡、如何呼应等问题。

（二）财经应用文的结构类型

财经应用文的结构类型多是指正文的结构形式、行文的逻辑关系、层次和段落的关系，以及过渡和照应、开头和结尾。财经应用文的文种较多，结构形式也多种多样，各有特色。归纳起来，财经应用文常用的结构类型有总分式结构、并列式结构、条款式结构和递进式结构。

1. 总分式结构

总分式结构是指总说与分说相结合的结构方式，或先总后分，或先分后总，或先总后分再总。撰写者采用这种结构方式撰写财经应用文可使文章条理清晰，既便于从多个方面对论述或说明的问题进行深入分析、全面说明，又便于对全文总结归纳，做到有分有总，从而增强读者对文中论述或说明的问题的全面认识。

2. 并列式结构

并列式结构是指将两个或两个以上围绕同一中心但又呈并列关系的材料逐一排列的结构方式。采用这种结构方式所撰写的财经应用文各个部分的内容是相对独立的，但彼此之间又有着一定的联系。这种结构方式是横向铺排内容的，或按照事物的各个组成部分展开，或按照事物的性质类别展开。这种结构方式可以多角度地对事物加以论述、说明，从而充分地揭示事物的面貌。

3. 条款式结构

条款式结构通常在财经报告文书、财经契约文书等类别的财经应用文中使用，用于对事物逐条逐项进行说明。分条列项、标序号是条款式结构的主要特征。财经应用文以这种结构方式安排材料，能够给人简洁、清晰、易读、易记的印象。

4. 递进式结构

递进式结构是指按照一定的顺序一步一步向前推进内容的结构方式。这种结构方式便于由浅入深地阐明事理或观点，从而把问题、观点讲深，讲透。

五、财经应用文的语言

（一）财经应用文的语言表达要求

财经应用文的主题、材料和结构都要通过语言来表现。一篇财经应用文写得成功与否，最终取决于撰写者能否熟练运用语言来表达。财经应用文的语言表达要求主要有准确、简练、得体和平实等。

1. 准确

准确是指实事求是地描述财经活动，贴切地表达观点和意图，在表述事物和现象的性质、数量、范围、程序等情况时，做到字斟句酌、精确恰当，无偏差，避免产生歧义。

2. 简练

简练即简明、精练，是指用简单的语言表达较为繁杂的内容。也就是说，财经应用文的语言表达既要言之有物，又要避免语句拖沓冗长。

3. 得体

得体是指财经应用文的语言表达要恰如其分，以便更好地为特定的目的、特定的对

象、特定的需要服务。因此，撰写者在撰写财经应用文时，要讲究适度。该说什么、不该说什么、如何措辞等，都要认真推敲，反复琢磨。

4. 平实

平实即平易朴实，是指财经应用文的语言应朴素切实，通俗易懂，不矫揉造作，不故弄玄虚，不用或少用修饰语。

（二）财经应用文常用的词语和句式

1. 常用词语

基于财经应用文的文体特点，财经应用文写作中经常使用以下几类词语。

1）惯用词语

惯用词语是指财经应用文经常使用的各种定型的习惯用语，主要有以下几种。

（1）开头用语：为了、根据、按照、遵照、据查、据反映、由于等。

（2）结尾用语：特此报告、特此通知、特此函谢、现予公告、此复等。

（3）称谓用语：我厂、本公司、贵公司、该单位等。称谓用语第一人称用本（我），第二人称用贵（你），第三人称用该。

（4）祈请用语：请、特请、务请、恳请、望、希望等。

（5）表态用语：同意、照此办理、可、不可、准予、不予等。

2）敬谦词语

敬谦词语是指表示尊敬、谦虚和恭敬的词语。使用礼貌得体的敬谦词语不仅符合人际交往的礼仪规范，还可以产生良好的公关效果。

常用的敬谦词语有您、先生、阁下、恭候、惠顾、承蒙、敬告、谨启、拜托等。

3）节缩词语

节缩词语是指一个常用的多音节词或专用词语经过精简压缩之后变成的词语。其特点是精练、简短、明快。节缩词语均是采用一定的节缩方式把原词语加以概括之后形成的，其节缩方式有双变单式、缩合式、省同存异式、概括式和删除式等。

（1）双变单式：对双音节词摘取其中一个字作音节词使用，如应（应该）、经（经过）、据（根据）等。

（2）缩合式：抽出原词组中每个词中的一个词素，再将其组成一个词，如环保（环境保护）、传媒（传播媒体）、基建（基本建设）等。

（3）省同存异式：保留两个并列词语的不同部分，省略相同的部分，组合成一个简短的词语，如进出口（进口、出口）、中低档（中档、低档）等。

（4）概括式：把两个或多个并列词语的共同成分提取出来，再与并列词语的项数组合，形成一个专用词，如“三无产品”（无商标、无生产厂家、无生产日期）、“三通”（通水、通电、通气）、“三废”（废水、废气、废渣）等。

（5）删除式：只保留原词组的主干部分（或保留有代表性的成分），删除其他部分而形成的简称，如《宪法》（《中华人民共和国宪法》）、入世（加入世界贸易组织）等。

节缩词语不仅缩短了原词语听说读写的时间，而且使中心意思鲜明突出，便于记忆，从而有利于提高信息传递的效率。

2. 常用句式

在财经应用文写作中，撰写者通常需要使用多种类型的句子，其中用得较多的是陈述句和祈使句。

1）陈述句

陈述句是指用来述说客观事实，表达观点的句子。财经应用文中用到的陈述句又分为表示肯定的陈述句和表示否定的陈述句。

2）祈使句

祈使句是指向别人表示请求、命令、禁止等的句子。祈使句的语气有强有弱，语气强烈且坚定的表示命令、禁止、要求；语气平和且委婉的表示请求、劝阻等。

（三）财经应用文的表达方式

表达方式是指将人、事、物和目的、根据、见解、主张、要求等表达出来的方法和形式。财经应用文常用的表达方式有叙述、说明和议论等。

1. 叙述

叙述是指把人物的经历或事件的过程表述出来，是财经应用文写作中最基本、最常见的表达方式。叙述的特点在于“过程性”，一般包括时间、地点、人物，以及事件的原因、经过和结果 6 个要素。

按照叙述的先后顺序，叙述可分为顺叙、倒叙、插叙和补叙。

（1）顺叙。顺叙是指按照时间的推移、空间的自然序列、人物思想感情的发展进程，以及人物活动的次序或事件的始末进行叙述的方式。这是一种最基本、最常用的叙述方法。顺叙符合人们的阅读习惯，能够把叙述的内容表述得条理清楚，自然顺畅。

（2）倒叙。倒叙是指先叙述事件的结局或事件发展过程中某个突出的片段，然后按事件的发展顺序展开叙述的方式。倒叙强调了事件的结果或高潮，容易造成悬念、形成波澜、引人入胜。

（3）插叙。插叙是指在叙述过程中，根据表达内容的需要，先暂时中断主线，插入相关事件的描述或进行必要的解释说明，然后回到叙述主线上来的叙述方式。插叙的内容可以是对某些情况的诠释或说明，也可以是对人物、事件或背景的介绍。插叙可以使财经应用文的内容得到充实，形成断续变化，从而使行文错落有致。

（4）补叙。补叙是指在叙述过程中对前文涉及的某些事物或情况做必要的补充，其作用在于对前文所设伏笔做出回应。补叙可以使财经应用文的内容完整、充实，情节结构完善，从而使记叙周严、不留破绽。

2．说明

说明是指用简明扼要的文字，把事物的性质、特征、成因、关系、规律等解释或介绍清楚，把人物的经历、特征等表述明确的表达方式。这种表达方式在财经应用文中使用得相当广泛，如在财经报告文书、财经宣传文书、财经契约文书等类型的财经应用文中常用来说明情况、解释事物等。

由于财经活动具有多样性，且客观事物具有复杂性，所以财经应用文说明事物的方法也是多种多样的。在说明同一对象时，有时也会使用多种说明方法，以取得更好的表达效果。具体来说，财经应用文常用的说明方法有以下 5 种。

（1）比较说明。比较说明是指把两个或两个以上彼此有联系或相似的事物进行比较，以阐明事物的特征和性质，阐述情况的发展、变化等，便于读者把握抽象或陌生的事物，以及更加准确地区分事物。

（2）举例说明。举例说明是指通过列举典型的例子来说明事物的特征，以便把事物的本质及特征解释得更清楚、更具体。

（3）以数字或图表说明。以数字或图表说明是指运用确切的数据和多种图表来说明事物的特征，方便读者更加直观地了解财经活动的发展变化和结果等。

（4）分类说明。分类说明是指按照事物的性质、成因、作用等标准对事物分门别类，然后依据类别逐一进行说明，让读者既能了解事物的本质、特征和差异，又能认识事物的种属关系。

（5）诠释说明。诠释说明是指对事物的概念、性质、特征、成因等进行准确的解释说明，以帮助读者更加全面、深入地了解事物。

3．议论

议论是指对事物进行客观分析、推理和评论，表明自己的主张、态度和立场的表达方式。在财经应用文中，不少文种都离不开议论，如总结、调查报告、财务分析报告、通报等。

议论通常由论点、论据和论证 3 个要素组成。论点是撰写者的观点和看法，是论证的出发点和落脚点，在全文中起统帅作用。论据是论述论点的依据，分为事实论据（如可靠的事例、历史性资料、统计数据等）和理论论据（如社会科学理论、自然科学理论等）。论证即使用论据论述论点的过程和方法。

议论的特点是以理服人，用说理的办法，以判断、推理等形式，直接对客观事物进行分析、评论、证明。因此，议论要做到论点明确、论据充分、论证周密。

项目一

措辞得当，挥洒自如
——财经公务文书

素养目标

（1）树立法治意识和国家安全意识，培养理性思维。

（2）提升对社会信息的洞察力和判断力，增强思辨能力。

知识目标

（1）了解财经公务文书的概念和作用。

（2）熟悉财经公务文书的书面格式和印装格式。

（3）了解通知、通报、报告、请示、批复、函、会议纪要的基础知识。

（4）掌握通知、通报、报告、请示、批复、函、会议纪要的结构与写法。

能力目标

能够在工作中熟练运用财经公务文书的行文规则。

财经公务文书概览

一、财经公务文书的概念

财经公务文书是指涉及财政和经济活动的公务文书。所谓公务文书，是指国家机关、公共组织在履行法定职责中形成的具有规范体式的文书。常用的财经公务文书包括通知、通报、报告、请示、批复、函和会议纪要。

二、财经公务文书的作用

财经公务文书是财经应用文中最重要、用途最广泛的文体之一，其主要有以下 3 个方面的作用。

（一）领导和指挥作用

财经公务文书是党政机关进行管理的工具。上级机关通过财经公务文书传达党和国家的方针政策，进行工作部署。下级机关按照上级机关的指导精神、有关决策和部署安排具体工作。

（二）凭证和依据作用

财经公务文书反映发文机关的意图，是单位之间、部门之间沟通工作和开展活动的书面依据。上级机关制发的财经公务文书是其传达管理意图、措施、要求的凭证，是下级机关解决问题、开展工作的依据。平级机关或不相隶属的机关制发的财经公务文书，是其交流情况、商洽工作的凭证和依据。

（三）宣传和教育作用

财经公务文书是宣传党和国家的方针政策及法规条文等的主要载体。财经公务文书可以让人们了解发文机关的意图，提高人们的认识，让他们知道做什么、怎样去做和为什么这样做，从而减少工作的盲目性，增强自觉性，更好地开展工作。用于表彰先进、批评错误的财经公务文书（如表彰性通报、批评性通报等）更是发挥着重要的宣传和教育作用。

三、财经公务文书的文面格式和印装格式

下面，我们结合《党政机关公文处理工作条例》（以下简称《条例》）和《党政机关公文格式》（以下简称《格式》）的相关规定，介绍财经公务文书（以下简称“公文”）的文面格式和印装格式。

（一）文面格式

公文的文面格式要素分为版头、主体和版记3个部分。

1．版头

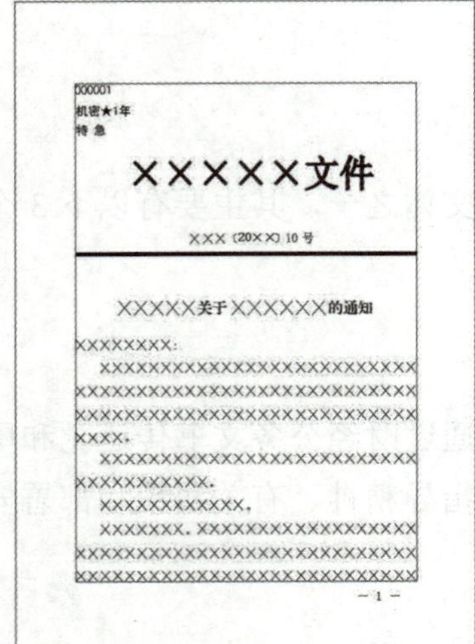

图1-1　公文版头格式

（注：版心实线框仅为示意，在印制公文时并不印出）

版头是指公文首页红色分隔线以上的部分，位于公文首页上端。版头的要素有份号、密级和保密期限、紧急程度、发文机关标志、发文字号、签发人、版头中的分隔线等，如图1-1所示。

1）份号

份号即公文印制份数的顺序号。《条例》规定：“涉密公文应当标注份号。”《格式》规定：“如需标注份号，一般用6位3号阿拉伯数字，顶格编排在版心左上角第1行。”也就是说，如果印制100份涉密公文，则其份号为000001—000100。

2）密级和保密期限

密级和保密期限是指公文的秘密等级和保密的时间界限。《条例》规定：“涉密公文应当根据涉密程度分别标注‘绝密’‘机密’‘秘密’和保密期限。”《格式》规定：“如需标注密级和保密期限，一般用3号黑体字，顶格编排在版心左上角第2行；保密期限中的数字用阿拉伯数字标注。”单独标注密级时，两字之间须空1个字，如“机　密”。若同时标注密级和保密期限，则密级和保密期限之间用“★”隔开，“★”之后用阿拉伯数字标注保密期限，如“绝密★25年”“秘密★7个月”。

3）紧急程度

紧急程度是指公文送达和办理的时限要求。《条例》规定：“根据紧急程度，紧急公文应当分别标注‘特急’‘加急’，电报应当分别标注‘特提’‘特急’‘加急’‘平急’。”《格式》规定：“如需标注紧急程度，一般用3号黑体字，顶格编排在版心左上角；如需同时标注份号、密级和保密期限、紧急程度，按照份号、密级和保密期限、紧急程度的顺序自上而下分行排列。”单独标注紧急程度时，两字之间须空1个字，如“特　急”。

4）发文机关标志

发文机关标志由发文机关全称或规范化简称加“文件”二字组成，如“国务院办公厅文件”，也可以仅使用发文机关全称或规范化简称。联合行文时，发文机关标志可以用联属发文机关名称，也可以用主办机关名称。

发文机关标志居中排布，其上边缘至版心（页面排印文字、图画的部分）上边缘为 35 毫米，字体为小标宋体，文字颜色为红色，以醒目、美观、庄重为原则。

联合行文时，如需同时标注联署发文机关名称，则主办机关名称应排列在前；如有“文件”二字，则其应位于发文机关名称右侧，并以联署发文机关名称为准上下居中排布，如图 1-2 所示。

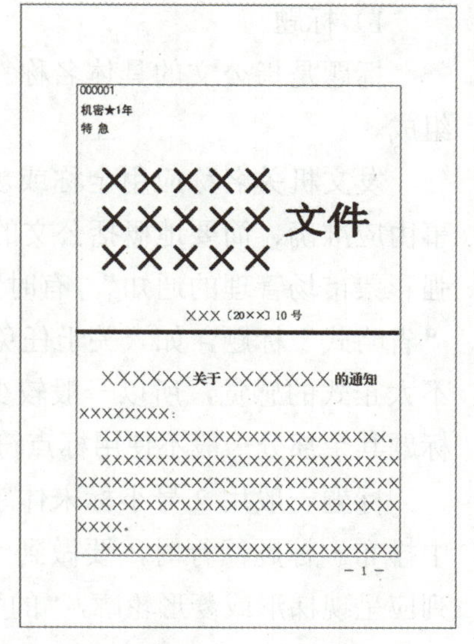

图 1-2　联合行文公文首页版式

5）发文字号

发文字号由发文机关代字、年份和发文顺序号组成。发文字号应编排在发文机关标志下空 2 行的位置，居中排布。年份和发文顺序号用阿拉伯数字标注；年份应用 6 角括号“〔 〕”括入；发文顺序号不加“第”字，不编虚位（即 1 不编为 01），但应在阿拉伯数字后加“号”字。上行文的发文字号居左空 1 个字编排，与最后一个签发人的姓名处在同一行。联合行文时，公文使用主办机关的发文字号。

例如，“国办发〔2024〕6 号”，表示国务院办公厅 2024 年所发的第 6 号文件。其中，“国办”是发文机关国务院办公厅的代字，“2024”是发文年份，“6 号”是发文顺序号。

6）签发人

签发人是指代表机关核准并签字，以示同意发出公文的发文机关负责人。上行文应当标注签发人姓名。根据《格式》的规定，其标注方法如下：由“签发人”3 个字、全角冒号和签发人姓名组成，居右空 1 个字，编排在发文机关标志下空 2 行的位置。“签发人”3 个字的格式为 3 号仿宋体字，签发人姓名的格式为 3 号楷体字。如有多个签发人，则签发人姓名按照发文机关的排列顺序从左到右、自上而下依次排列，一般每行编排 2 个签发人姓名，回行时与上一行第一个签发人姓名对齐。

7）版头中的分隔线

发文字号之下 4 毫米处居中印一条与版心等宽的红色分隔线。

2．主体

公文首页红色分隔线（不含）以下、公文末页首条分隔线（不含）以上的部分称为主体。主体的要素有标题、主送机关、正文、附件说明、发文机关署名、成文日期、印

章、附注和附件等。

1）标题

标题是指公文的具体名称。完整的标题由发文机关名称、事由（公文主题）和文种组成。

发文机关名称应用全称或规范化简称。联合行文时，可酌情使用人们熟悉的简称。事由应准确、简要地概括公文的主要内容，前面常加上介词“关于”，如“国务院关于加强彩票市场管理的通知”。有时为了使行文简洁，可酌情省略发文机关或事由，从而形成“省略式”标题，如“关于任免×××等×名同志职务的通知”。由于省略式标题会给人不太正式的感觉，所以一般较少使用。除标题中的法规、规章名称需要添加书名号外，标题其余部分一般不使用标点符号。

标题一般用 2 号小标宋体字，编排于红色分隔线下空 2 行的位置，呈一行或多行居中排布。标题回行时，要做到一行内词意完整，每行长短适宜、间距恰当，多行标题排列应呈现梯形或菱形轮廓，“的”字不排行首。

2）主送机关

主送机关是指公文的主要受理机关，应当使用机关全称、规范化简称或同类型机关统称。

除直接面向社会的公布性公文外，一般公文都要编排主送机关名称。向所有下级机关发送的公文，主送机关可写统称，如“各市、县人民政府”。下级机关如果是并列的机关，则一般按党、政、军、群的性质顺序排列。

主送机关用 3 号仿宋体字编排于标题下空 1 行的位置，居左顶格，回行时仍顶格，最后一个机关名称后标全角冒号。主送机关名称若过多导致公文首页不能显示正文，则应当移至版记，编排方法同抄送机关。

3）正文

正文用来表述公文的内容。公文首页必须显示正文，一般用 3 号仿宋体字，编排于主送机关名称下一行，每个自然段左空 2 个字，回行时顶格。文中结构层次序数依次可以用“一、”“（一）”“1.”“（1）”标注；一般第 1 层用黑体字、第 2 层用楷体字、第 3 层和第 4 层用仿宋体字。

公文正文一般由开头、主体和结尾 3 个部分组成。内容简单的公文可不分段落。不同公文的正文，其写法各不相同，要求也不完全一样，但都必须符合党和国家的方针政策、法律法规，并且应实事求是，条理清楚，语言简练，标点正确，术语简称规范等。

4）附件说明

附件说明（见图 1-3）是指公文附件的顺序号和名称。公文如有附件，则在正文下方空 1 行、在左侧空 2 个字编排“附件”二字，并在其后标注全角冒号和附件名称。如有多个附件，则使用阿拉伯数字标注附件顺序号（如“附件：1. ××××××××××”）；附件名称后不加标点符号。若附件名称较长需要回行，则应当与上一行附件名称的首字对齐。

5）发文机关署名

署名时，应署发文机关全称或规范化简称。

6）成文日期

成文日期是公文形成和生效的时间标志，应署会议通过或发文机关负责人签发的日期。联合行文时，应署最后签发机关签发的日期。

7）印章

印章是公文生效的标志。公文中有发文机关署名的，应当加盖发文机关印章，其内容应与署名机关相符。有特定发文机关标志的普发性公文和电报可以不加盖印章。

根据《格式》的规定，发文机关署名、成文日期和印章的编排方法如下。

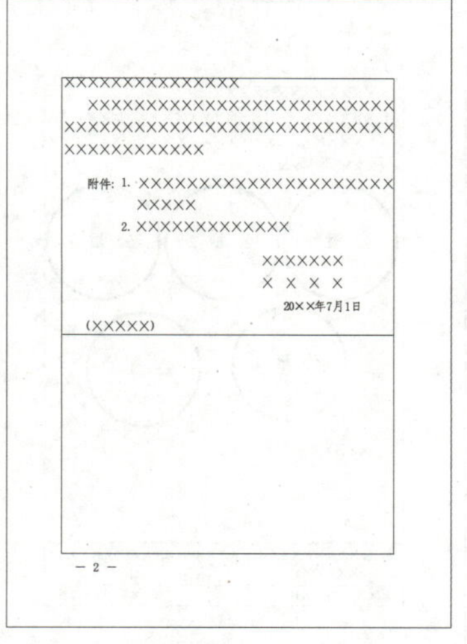

图 1-3　附件说明页版式

（1）加盖印章的公文（见图 1-4、图 1-5、图 1-6）。成文日期一般右空 4 个字编排，印章为红色，不得出现空白印章。单一机关行文时，一般在成文日期之上、以成文日期为准居中编排发文机关署名，印章端正、居中下压发文机关署名和成文日期，使发文机关署名和成文日期居印章中心偏下位置，印章顶端应当上距正文（或附件说明）一行以内。联合行文时，一般将各发文机关署名按照发文机关顺序整齐排列在相应位置，并将印章一一对应、端正、居中下压发文机关署名，最后一个印章端正、居中下压发文机关署名和成文日期，印章之间排列整齐、互不相交或相切，每排印章两端不得超出版心，首排印章顶端应当上距正文（或附件说明）一行以内。

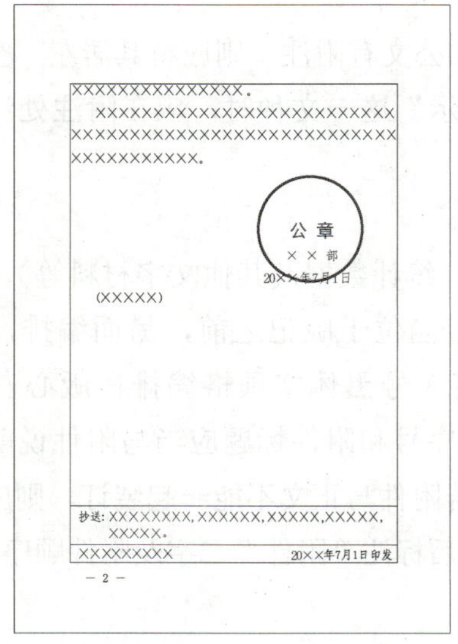

图 1-4　公文末页版式 1

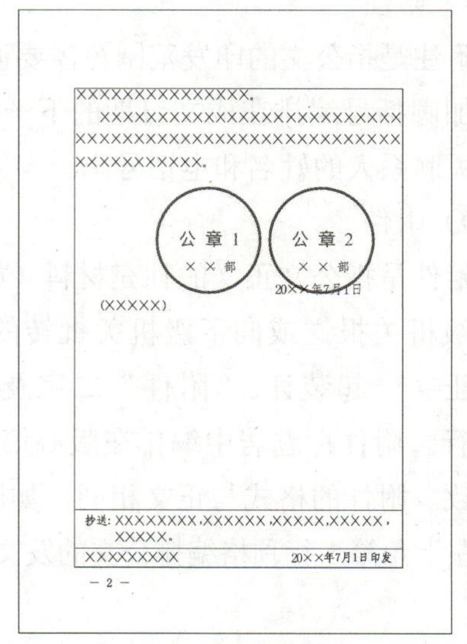

图 1-5　联合行文公文末页版式 1

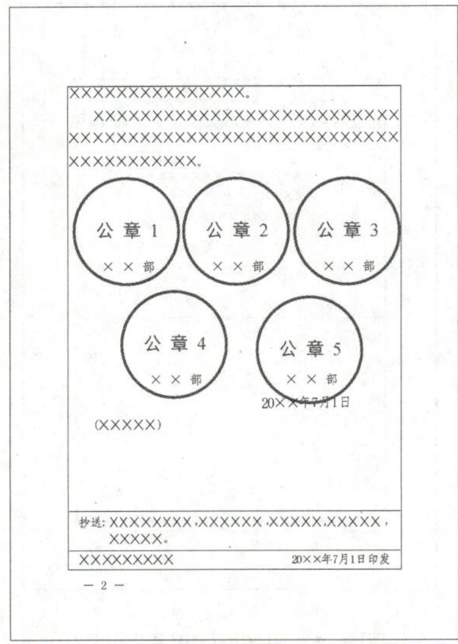

图 1-6 联合行文公文末页版式 2

（2）不加盖印章的公文。单一机关行文时，在正文（或附件说明）下方空 1 行、在右侧空 2 个字编排发文机关署名，在发文机关署名下一行编排成文日期，其首字比发文机关署名首字右移 2 个字。若成文日期长于发文机关署名，则应当使成文日期右空 2 个字，并相应增加发文机关署名右空字数。联合行文时，应当先编排主办机关署名，其余发文机关署名依次向下编排。

（3）加盖签发人签名章的公文。在为单一机关制发的公文加盖签发人签名章时，应在正文（或附件说明）下方空 2 行、在右侧空 4 个字加盖签发人签名章，在签名章左侧空 2 个字标注签发人职务，并将其以签名章为准上下居中排布。在签发人的签名章下方空 1 行、在右侧空 4 个字编排成文日期。联合行文时，应当先编排主办机关签发人的职务和签名章，其余机关签发人的职务和签名章依次向下编排，与主办机关签发人的职务和签名章上下对齐；每行只编排一个机关的签发人职务和签名章；签发人职务应当标注全称。签名章一般为红色。

（4）成文日期中的数字。用阿拉伯数字将年、月、日标全，年份应标全称，月、日不编虚位。

（5）特殊情况说明。当公文页面所剩空白处不能容下印章或签发人签名章、成文日期时，可以采取调整行距、字距的措施予以解决。

8）附注

附注是指公文的印发范围等需要说明的事项。如公文有附注，则应将其居左、空 2 个字并加圆括号编排在成文日期的下一行。使用“请示”这一文种时，应在附注处注明发文机关联系人的姓名和电话号码。

9）附件

附件是指公文正文的补充材料（如照片、图表、统计数据及其他文字材料等），以及向上级机关报送或向下级机关批转的文件。附件应当位于版记之前，另面编排，并与公文正文一起装订。“附件”二字及附件顺序号用 3 号黑体字顶格编排在版心左上角第 1 行。附件标题居中编排在版心第 3 行。附件顺序号和附件标题应当与附件说明的表述一致。附件的格式与正文相同，如图 1-7 所示。若附件与正文不能一起装订，则应当在附件左上角第 1 行顶格编排公文的发文字号，并在其后标注“附件”二字及附件顺序号。

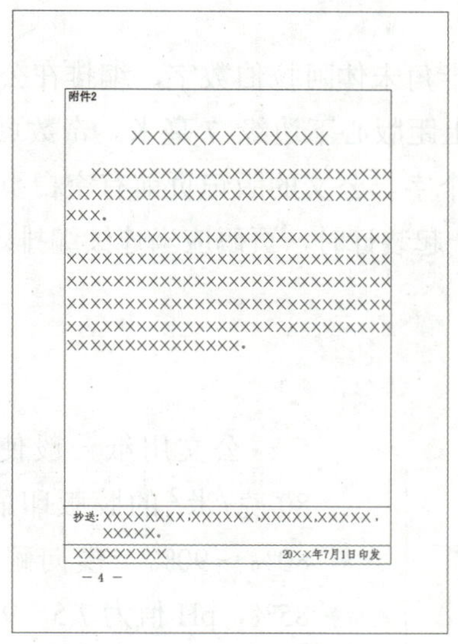

附件2

XXXXXXXXXXXXXX

XXXXXXXXXXXXXXXXXXXXXXXXXXXXXXXXXXXXXXXXXXXXXXXXXXXXXXX.

XXXXXXXXXXXXXXXXXXXXXXXXXXXXXXXXXXXXXXXXXXXXXXXXXXXXXXXXXXXXXXXXXXXXXXXXXXXXXXXXXXXXXXXXXXXXXXXXXXXXXXXXXXXXXXXXXXXXXXXXXXXXXXXXXXXXXXX.

抄送：XXXXXXX，XXXXXX，XXXXX，XXXXX，XXXXX。

XXXXXXXXX　20××年7月1日印发

— 4 —

图 1-7　带附件的公文末页版式

3．版记

公文末页首条分隔线以下、末条分隔线以上的部分称为版记。版记的要素有版记中的分隔线、抄送机关、印发机关、印发日期和页码等。

1）版记中的分隔线

版记中的分隔线与版心等宽，首条分隔线和末条分隔线用粗线（推荐高度为 0.35 毫米），中间的分隔线用细线（推荐高度为 0.25 毫米）。首条分隔线位于版记的第一个要素之上，末条分隔线与公文最后一面的版心下边缘重合。

2）抄送机关

抄送机关是指除主送机关外需要执行或知晓公文内容的其他机关，应当使用机关全称、规范化简称或同类型机关统称。

公文如有抄送机关，一般用 4 号仿宋体字，在印发机关和印发日期之上一行、左右各空 1 个字编排。“抄送”二字后加全角冒号和抄送机关名称，回行时与冒号后的首字对齐，最后一个抄送机关名称后标句号。

如需把主送机关移至版记，则除将“抄送”二字改为“主送”外，编排方法同抄送机关。既有主送机关又有抄送机关时，应当将主送机关置于抄送机关之上一行，之间不加分隔线。

3）印发机关和印发日期

印发机关和印发日期是指公文的送印机关和送印日期。印发机关和印发日期一般用 4 号仿宋体字，编排在末条分隔线之上，印发机关左侧空 1 个字，印发日期右侧空 1 个字，用阿拉伯数字标注年、月、日，年份应标全称，月、日不编虚位，并在其后加“印发”二字。版记中如有其他要素，则应当将其与印发机关和印发日期用一条细分隔线隔开。

4）页码

公文的页码一般用 4 号半角宋体阿拉伯数字，编排在公文版心下边缘之下，数字左右各放 1 条一字线；一字线上距版心下边缘 7 毫米。奇数页页码距版心右边缘 1 个字，偶数页页码距版心左边缘 1 个字。公文的版记页前有空白页的，空白页和版记页均不编排页码。公文的附件与正文一起装订时，页码应当连续编排。

（二）印装格式

1. 公文用纸尺寸

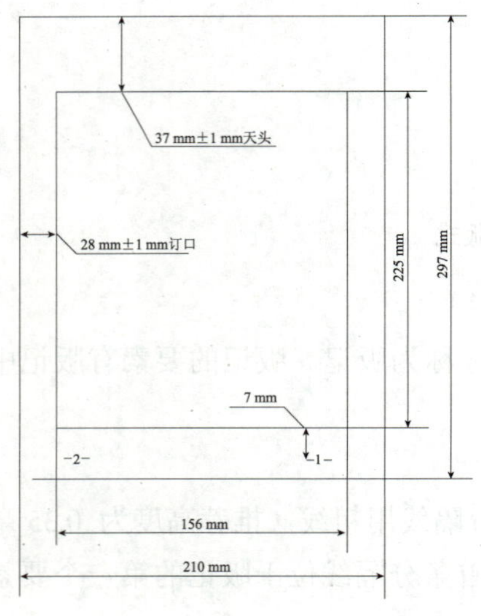

图 1-8　A4 型公文用纸页边及版心尺寸

公文用纸一般使用纸张定量为 60 克/米^2～80 克/米^2 的胶版印刷纸或复印纸。纸张白度为 80%～90%，横向耐折度≥15 次，不透明度≥85%，pH 值为 7.5～9.5。

公文用纸采用 GB/T 148 中规定的 A4 型纸，其成品幅面尺寸为 210 毫米× 297 毫米。张贴的公文用纸大小根据实际需要确定。

公文页边与版心尺寸（见图 1-8）：公文用纸天头（上白边）为 37 毫米± 1 毫米；公文用纸订口（左白边）为 28 毫米±1 毫米；版心尺寸为 156 毫米×225 毫米。

2. 排版印装要求

（1）排版规格。公文一律从左至右横写、横排。正文用 3 号仿宋体字，一般每页编排 22 行，每行编排 28 个字，并撑满版心。特定情况可以做适当调整。

（2）制版要求。版面干净无底灰，字迹清楚无断划，尺寸标准，版心不斜，误差不超过 1 毫米。

（3）印刷要求。双面印刷；页码套正，两面误差不超过 2 毫米。黑色油墨应达到色谱所标 BL100%，红色油墨应达到色谱所标 Y80%，M80%。印品着墨实、均匀；字面不花、不白、无断划。

（4）装订要求。公文应当左侧装订，不掉页，两页页码之间误差不超过 4 毫米，裁切后的成品尺寸误差±2 毫米，四角成 90°，无毛茬或缺损。

骑马订或平订的订位为两钉外订眼距版面上下边缘各 70 毫米处，允许误差±4 毫米，钉锯均订在折缝线上；平订钉锯与书脊间的距离为 3 毫米～5 毫米。无坏钉、漏钉、重钉，钉脚平伏牢固。

包本装订公文的封皮（封面、书脊、封底）与书芯应吻合、包紧、包平、不脱落。

四、撰写财经公务文书时的注意事项

（1）政策界限正确。每件公文应明确规定要做什么，不要做什么，应当怎么做，否则，在执行中就会产生偏差。

（2）措施办法明确、具体。公文中的内容、事项应明确、具体。例如，凡请示的文件，均须写明情况和自己的要求及意见，并写明希望何机关何人何时答复何项问题。

（3）措施办法切实可行，各个方面应无抵触。公文提出的措施、方法应符合客观条件，且在行文范围内具有普遍指导意义；其内容应与上级机关发布的方针、政策、规定等保持一致，与同级平行机关的有关规定、办法无抵触，与过去本单位制订的有关规定无矛盾。此外，公文本身的标题和内容、观点和材料之间应无互相抵触的地方。

任务一　掌握通知、通报的写作方法

职业场景

近年来，随着数字化进程的日益加快，传统的实体零售业无论是规模还是效益，都呈现明显下滑的趋势。有鉴于此，某商务部门计划出台一系列促进消费的措施。部门领导计划召开部门全体员工会议，集思广益，商讨这一决策的具体实施方案。领导安排助理小张就此事撰写一份会议通知。

请思考：通知有什么作用？会议通知应该包含哪些内容？在撰写通知时应注意哪些问题？

一、通知

（一）通知的概念

通知是指向特定受文对象告知或转达有关事项或文件，以便受文对象知道或执行的财经公务文书。《条例》规定：通知“适用于发布、传达要求下级机关执行和有关单位周知或执行的事项，批转、转发公文”。

（二）通知的种类

1．指示性通知

指示性通知是指向下级机关发出的就某项工作发出指示、提出要求、做出安排的通知，如《关于加强地方政府融资平台公司管理有关问题的通知》《××企业关于夏季用电安全教育的通知》等。

2．周知性通知

周知性通知是指向有关单位或人员发出的需要其周知或办理某些事项的通知，如《××有限责任公司关于成立法务部的通知》《××公司关于召开宣传工作座谈会的通知》。周知性事项通常包括设立或撤销机构、迁移办公地点、修改行政规章、修正或补充文件内容、调整办公时间、召开会议、任免人员等。

3．颁转性通知

颁转性通知是指用于颁布法律法规和批转、转发其他机关来文的通知。颁转性通知可分为颁布性通知、转发性通知和批转性通知 3 种类型。

（1）颁布性通知是指将发文机关制订的文书下发，要求下级机关知晓或遵照执行的通知，常用于颁布法律法规或印发有关文件、资料。依发布内容的重要程度，其标题可分别选用“颁发”“发布”“印发”字样，如《财政部关于印发〈基本建设贷款中央财政贴息资金管理办法〉的通知》等。

颁转性通知的范例

（2）转发性通知是指用于转发上级机关和不相隶属机关公文的通知。其特点在一个“转”字，如《关于转发〈财政部关于规范国有金融机构资产转让有关事项的通知〉的通知》等。

（3）批转性通知是指上级机关将下级机关的公文加上批示性意见，要求其他有关的下级机关执行或参照执行时使用的通知，其特点在一个“批”字。这类通知的文件精神不在通知正文本身，而在被批转的公文，如《国务院批转安徽省人民政府关于大力发展××生产的决定的通知》等。

（三）通知的结构与写法

通知一般由标题、发文字号、主送机关、正文和落款构成。

1．标题

通知标题的结构形式可以分为以下 4 种。

（1）发文机关+事由+文种，如“××市统计局关于印发全市统计干部教育培训方案的通知”。

（2）事由+文种，如“关于印发《会计人员职业道德规范》的通知”。

（3）发文机关+文种，如“财务部通知”。

（4）直接以“通知”命名，凡不作为正式文件处理的简易通知，可以仅用文种名称“通知”作为标题。

需要注意的是，转发性通知、批转性通知的标题应在事由部分说清来文单位和原文件的名称，但不能机械地照搬原文件名称，而应适当地组织语言，如是否用“关于”二字及在何处使用等。颁转性通知的常见标题形式如表 1-1 所示。

表 1-1 颁转性通知的常见标题形式

类型	常见标题形式
颁布性通知	×××关于印发《××××》的通知
转发性通知	关于转发×××××（来文单位名称+原文件名称）的通知
批转性通知	×××关于批转×××××（来文单位名称+原文件名称）的通知

2. 发文字号

发文字号由发文机关代字、年份和发文顺序号组成，如“国发〔2023〕5 号”。

3. 主送机关

主送机关即受文机关。通常应将主送机关的名称全部写上。

4. 正文

不同类型的通知，其正文写作方法不同。

（1）指示性通知的正文应写明制发通知的理由、目的、依据及要求主送机关承办、执行的事项。通知事项较多时，应分条列出执行要求，确保条目分明。

（2）周知性通知的正文应交代清楚各个事项，篇幅不宜过长。周知性通知的信息较琐碎时，应分项列出信息，以便主送机关阅读。

（3）颁转性通知一般篇幅较短，写明相关文件的发文机关名称及批转、转发或发布的意见和执行要求即可。需要注意的是，颁转性通知必须包含附件，并且应附上相关文件的全文。

不同类型通知正文的常见写法归纳如下（见表 1-2）。

表 1-2 通知正文的常见写法

<table>
<tr><th colspan="2">类型</th><th>正文常见写法示例</th></tr>
<tr><td colspan="2">指示性通知</td><td>为了……，现将有关事项通知如下：
…………
请认真贯彻执行</td></tr>
<tr><td colspan="2">周知性通知</td><td>为了……，经研究决定召开××××会议，现将有关事项通知如下：
…………
特此通知</td></tr>
<tr><td rowspan="3">颁转性通知</td><td>颁布性通知</td><td>为了……，根据……，×××（发文机关）制订了《××××》，现印发给你们，请遵照执行</td></tr>
<tr><td>批转性通知</td><td>×××（来文单位）《××××》，现批转给你们，请认真贯彻执行</td></tr>
<tr><td>转发性通知</td><td>现将×××（来文单位）《××××》转发给你们，请遵照执行</td></tr>
</table>

5. 落款

落款包括发文机关和成文日期，并应加盖公章。

（四）撰写通知时的注意事项

（1）主题集中，一事一文。每份通知只说明一件事情或布置一项工作。

（2）重点突出，措施具体。通知的事项应重点突出，要求和措施要明确具体、切实可行，以便主送机关正确理解并准确执行。

（3）结构合理，详略得当。内容简单的通知，可采用短文的形式；内容繁多的通知，可采用分条列项的形式。

（4）讲究时效，快捷及时。通知的写作、传递应当及时、迅速，以免耽误相关事项的周知或执行。

二、通报

（一）通报的概念

通报是指用于表彰先进、批评错误、传达重要精神和告知重要情况的财经公务文书。对于工作中出现的新情况、新问题、新经验、正面典型和反面典型等，都可以用通报的形式在一定范围内传播。

（二）通报的种类

1. 表彰性通报、批评性通报和情况类通报

按照适用范围、内容及作用的不同，通报可分为表彰性通报、批评性通报和情况类通报。

（1）表彰性通报主要用于表彰先进单位或个人、介绍先进事迹、推广独到经验，如《关于表彰20××年度优秀部门和先进个人的通报》。

（2）批评性通报主要用于批评某一错误事实或具有代表性的错误倾向，如《关于对市场监督管理局进行批评的通报》。

（3）情况类通报主要用于传达重要精神和动向、沟通重要情况，如《××集团作风纪律教育整顿的情况通报》。

2. 直述式通报和转述式通报

按照表达方式的不同，通报可分为直述式通报和转述式通报。

（1）直述式通报是指发文机关在通报中直接陈述其下属单位的先进事迹、工作经验、错误事实或相关情况，然后在此基础上分析、评价，并提出处理意见的通报。

（2）转述式通报是指发文机关用转发或批转的形式，把所属单位及其他单位反映的先进事迹、错误事实或重要情况进行分析、评价，并提出处理意见，发出号召的通报。

（三）通报的结构与写法

通报一般由标题、发文字号、主送机关、正文和落款构成。

1. 标题

通报标题的结构形式可以分为以下两种。

（1）发文机关+事由+文种，如“中共××市商务局党组关于十届市委第二轮巡察集中整改进展情况的通报”。

（2）事由+文种，如“关于××违反公司考勤规定的通报”。

2. 发文字号

发文字号由发文机关代字、年份和发文顺序号组成，如“发改财金规〔2024〕××号”。

3. 主送机关

指定下发单位的通报应写明主送机关；普通通报或在本单位公开张贴的通报，可以省略主送机关。

4. 正文

不同类型的通报，其正文的写作方法也有所不同。

（1）表彰性、批评性通报。表彰性通报和批评性通报的正文一般由以下 4 个部分组成。

概述事实：采用概括叙述的方式，叙述先进（或错误）事迹，包括时间、地点、人物、经过和结果等。这部分内容应简明扼要、条理清晰。

分析评价：主要采用议论的方式，分析和评价先进事迹，或分析错误事实的性质，总结经验教训。评价性的文字应注意措辞，确保语言的准确性，避免出现夸饰的现象。

做出决定：表彰性通报应提出表彰方式，写明给予何种奖励；批评性通报应以有关法律或规章为依据，对错误事实做出恰当的处理决定。

提出要求或发出号召：表彰性通报应有针对性地提出希望，希望有关方面向先进单位或个人学习，共同做好工作；批评性通报应提出告诫或重申纪律，希望有关单位和个人从错误事实中吸取教训，以改进工作。

（2）情况类通报。情况类通报的正文一般由以下 3 个部分组成。

概述缘由：叙述基本事实，阐明发布通报的依据、目的和原因等。这部分内容应简明扼要，篇幅不宜过长。

介绍情况与信息：叙述具体情况，传达重要信息。通常，这部分内容较多，篇幅较长，要注意合理安排，分类梳理。

提出希望与要求：在叙述情况的基础上进行必要的评价，有针对性地向主送机关提出相应的意见和要求；或说明指导原则，申明态度，提出解决问题的方法。

5. 落款

落款处应注明发文机关全称或规范化简称和成文日期，并加盖公章。

（四）撰写通报时的注意事项

（1）事例典型，详略得当。在撰写通报时，撰写者应站在全局的高度，着眼于整体利益，确保所通报的事例具有代表性、典型性和普遍的指导意义，所提炼出的经验教训必须是从通报事例中归纳出来的，应具有较强的针对性。同时，通报事例的描述应注意详略得当。通报若过于简单，将通报的内容变成抽象的概念，则会让读者难以理解；通报若过于详细，写得近似于报告文学，则会让读者难于把握要领。

（2）材料真实，叙述简明。对于通报所使用的材料，撰写者一定要核对清楚，确保其真实、准确。通报的叙述应准确无误，写明事件发生的时间、地点、相关人物和事情的起因、经过、结果等，并分析原因，有叙有议，确保内容简明扼要。

（3）评议得当，有教育性。无论是表彰性通报、批评性通报还是情况类通报，都涉及对人或事的评价，要确保评论合情合理、切中要害、恰如其分。此外，通报与决定不同，它不是一种行政命令，其主要的特点是具有教育性。在撰写通报时，要注意突出这一特点。

范文赏析

【范文一】

范文	评析
金山区人民政府办公室 关于转发区经委制订的《金山区打造国际“纤维之都”暨建设国家纤维材料产业集群的实施意见》的通知	标题点明发文机关、事由和文种。
金府办发〔2023〕14号	标题下方写明发文字号。
各镇政府、街道办事处、园区管委会，区政府各部门、各直属单位：	开头明确主送机关。
区经委制订的《金山区打造国际“纤维之都”暨建设国家纤维材料产业集群的实施意见》已经第34次区政府常务会议讨论通过，现转发给你们，请认真按照执行。	正文说明通知的事项和批转文件的名称，并提出“遵照执行”的要求。
附件：金山区打造国际“纤维之都”暨建设国家纤维材料产业集群的实施意见	正文后列明附件名称。
上海市金山区人民政府办公室（公章） 2023年7月5日	落款处写明发文机关的名称和日期，并加盖公章。
（附件正文略）	文后附上附件正文。

（资料来源：上海市人民政府网）

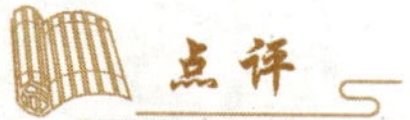

点评

本文是一篇批转性通知。通知在正文中写明了当前的情况，以及请主送机关执行的具体要求。文末附上了相关文件。通知篇幅虽小，但要素齐全，结构合理，重点突出。

【范文二】

范文	说明
江苏省财政厅关于表扬江苏省先进会计个人的通报	标题点明发文机关、事由和文种。
苏财会〔2022〕71号	标题下方写明发文字号。
各设区市、县（市）财政局，省有关单位： 近年来，全省广大会计工作者坚持以习近平新时代中国特色社会主义思想为指导，认真贯彻习近平总书记关于做好新时代人才工作的重要论述，全面落实《中华人民共和国会计法》、国家有关法律法规和国家统一的会计制度，推动会计改革和发展，在助力江苏高质量发展上发挥了积极作用，取得了显著成效，涌现出一大批崇尚诚信、勤奋敬业、勇于担当、实绩突出的先进个人。 为激励先进、树立榜样、推动工作，进一步调动全省广大会计工作者的积极性、主动性和创造性，决定对丁金虹等103名先进会计个人予以通报表扬。 希望受到表扬的先进会计个人珍惜荣誉、谦虚谨慎、戒骄戒躁、再接再厉，再创佳绩。希望全省广大会计工作者，以先进会计个人为榜样，学习他们诚实守信、坚持原则的职业理念，学习他们爱岗敬业、严谨细致的工作作风，学习他们勇于创新、开拓进取的奋斗精神，为谱写“强富美高”新江苏现代化建设新篇章贡献会计力量。	开头明确主送机关。 正文首先列明表彰依据，然后有针对性地提出希望和要求，最后对主送机关提出事项落实要求。
附件：江苏省先进会计个人名单.pdf	结尾附上正文提及的先进个人名单作为正文的补充资料。
江苏省财政厅（公章） 2022年12月12日	落款处写明发文机关名称和日期。

（资料来源：江苏省财政厅）

点评

本文是一篇指示性通报。正文首先简明扼要地阐明了表彰依据，即“在助力江苏高质量发展上发挥了积极作用，取得了显著成效”，然后列明了表彰决定。这部分内容语言凝练、条理清晰。在正文的结尾，发文机关对主送机关发出了“再接再厉”的号召，并提出了一系列具体要求。

病文会诊

关于春节放假

单位各部门：

在春节即将来临之际，行政部向公司全体员工送上新春祝福，祝愿各位员工万事如意。现将单位今年春节放假安排通知如下。

今年春节的假期为农历腊月二十一至农历正月初七，一共17天的时间。大家应在农历正月初九正常上班。

在放假之前，每位员工一定要完成自己的工作。各个部门要妥善安排员工进行卫生清洁，并确保关闭门窗水电。员工在放假期间不得将单位配发的笔记本电脑带走，而应交由本部门经理保管。放假期间，希望大家注意自己的人身安全，确保安全、准时地返回工作岗位。

行政部

2024年01月20日

【会诊提示】

（1）标题要素缺乏，应改为“关于春节放假的通知”。

（2）落款日期的格式不当，成文日期不编虚位。

写作训练

请根据下列材料，拟写一份通知或通报。

材料一：××国际投资贸易洽谈会（以下简称“××投洽会”）是省内规模最大、规格最高的国家级、国际级展会。第××届××投洽会将于20××年9月26—28日在××国际会展中心举办，本届投洽会规划展览面积8万平方米。为进一步提升××投洽会特装布展水平，××省商务厅要征集一批符合条件的特装搭建企业。

各特装搭建企业递交资料截止时间：20××年8月15日。

附件：1．第××届××国际投资贸易洽谈会特装搭建企业资质认证申请表；

2．第××届××国际投资贸易洽谈会特装搭建企业资质认证评审办法；

3．第××届××国际投资贸易洽谈会特装搭建企业资质认证评审细则。

材料二：某公司财务部员工小李在上班时间使用公司电话处理私人事务，其占用公司资源的行为违反了公司的《员工规定》第10条，在公司内部造成了不良影响。根据相关规定，公司决定对小李通报批评，并处以200元罚款。

任务二　掌握报告、请示、批复的写作方法

职业场景

某单位计划成立新的商务部门，需要购置一批办公家具、设备和材料。助理小张在汇总了相关需求后，得知该部门还需要购置 3 台电脑、1 个文件柜、1 台打印机和 6 箱打印纸。根据单位的相关规定，总额高于 5 000 元的办公用品采购事项需要向上级申请。以下是小张撰写的文书内容。

报　告

尊敬的领导：

我们部门决定采购一批办公用品，包括 3 台电脑、1 个文件柜、1 台打印机和 6 箱打印纸。另外，我们办公室房顶漏水，也需要找人来修理一下。

请您批准！谢谢。

张××

20××年 10 月 9 日

请思考：上述文书所使用的文种对吗？为什么？报请性财经公务文书应包含哪些内容？

一、报告

（一）报告的概念

报告是指用于下级机关向上级机关汇报工作情况的陈述性财经公务文书。《条例》规定：报告“适用于向上级机关汇报工作、反映情况，回复上级机关的询问”。报告属于上行文，适用于有直接隶属关系的上下级机关。

报告

（二）报告的种类

1. 工作报告

工作报告是指下级机关向上级部门或领导汇报本机关工作情况的报告，主要用于汇报成绩经验、问题教训、方法计划等，如《××省农业银行关于信贷扶贫工作的报告》。

2．情况报告

情况报告是指下级机关向上级机关或领导反映本机关、本地区突发情况的报告，主要用于反映特殊情况、较大事故、突发事件等，以便上级机关及时了解情况并做出决策，如《中国人民银行××市××区分行关于发现变相货币的报告》。

3．答复报告

答复报告是指下级机关用于答复上级机关询问或交代的事项的报告，如《关于治理××费用未合理规划使用的报告》。

4．报送报告

报送报告是指下级机关用于向上级报送文件、物件的报告。这种报告的正文通常非常简略，只需写明“现将××××报上，请查收”即可，相关的具体内容都在所报送的文件里。

（三）报告的结构与写法

报告一般由标题、发文字号、主送机关、正文和落款构成。

1．标题

标题的结构形式可以分为以下 3 种。

（1）发文机关+事由+文种：如“××县审计局关于 2023 年度依法行政工作总结与 2024 年工作思路的报告”。

（2）事由+文种：如“关于依法清收拖欠银行利息的报告”。

（3）文章式标题：可以文章主题作为标题，如“夯实基础，坚定信念，谋求公司进一步发展”；也可由主副双级标题构成标题，如“百尺竿头，更进一步——财务部 2023 年工作报告”。

2．发文字号

发文字号由发文机关代字、年份和发文顺序号组成，如“皖政正〔2024〕2 号”。

3．主送机关

报告的主送机关具有单一性，一般为发文机关的直属上级机关（或上级业务指导机关），通常可写其规范化简称。受双重领导的机关向上级机关呈递报告时，应根据报告内容的实际需要写明主送机关和抄送机关。某些反映特殊情况的报告可多头主送，以便有关机关尽快了解情况。需要注意的是，报告不得越级行文，不得抄送下级机关。除特殊情况外，不得将报告送发领导者个人。

4．正文

正文由导语、主体和结尾 3 个部分构成。

（1）导语。导语通常应写明报告的写作目的、依据或原因，概述工作或事件的总体情况，接着可用“现将有关事项报告如下”等句子过渡到下一段。

（2）主体。不同类型报告的主体部分应采取不同的写法，具体如下。

工作报告：应分别阐述工作成绩、经验教训和现存问题等。其中，工作成绩部分应写明工作性质、措施方法和成果，经验教训部分应对所取得的成果进行分析和总结，现存问题部分应指出工作中存在的问题和不足。

情况报告：应将发生的灾害、事故或案情，以及召开的重要会议等各种特殊情况的原委（或背景）、经过、结果和建议表述清楚。

答复报告：应针对上级机关或领导的询问进行回答，即问什么答什么，以示负责，注意不要借题发挥。

（3）结尾。结尾可以使用“专此报告”“特此报告”等惯用语结束，也可以采用简要概括全文主旨等方式收束全文。

5. 落款

落款处应注明发文机关名称，写明成文日期，最后由部门领导签字并加盖发文机关公章。

（四）撰写报告时的注意事项

（1）汇报及时，注重实效。报告是上级机关做决策的重要依据，所以下级机关对有关事件或情况应及时、高效地汇报，以便上级机关及时做出决策。

（2）实事求是，内容真实。下级机关对有关事项或情况的报告，是上级机关正确决策的依据，所以报告的内容必须真实、可靠。无论是成绩、经验，还是问题、教训，都必须忠于事实，不能有丝毫虚假。

（3）重点突出，详略得当。报告的内容应有主次、轻重之分。重要的内容应安排在前面，且应详细叙述；次要的内容应安排在后面，可简略论述，从而使报告的内容具体、不空泛，以达到汇报工作、反映情况的目的。

（4）一事一文，切勿夹带。《条例》明确规定，报告中“不得夹带请示事项”。报告属于陈述性文体，不要求上级回复。工作中若需要上级机关给出指示或帮助解决一些问题，则应另外用“请示”行文，不能出现“请示报告”类字样。

二、请示

（一）请示的概念

请示是指下级机关向上级机关请求指示或批准的报请性财经公务文书。《条例》规定：请示“适用于向上级机关请求指示、批准”。请示是上行文，只限于下级机关向上级机关递交，没有直接隶属关系的单位之间不能用请示。

（二）请示的种类

1．请求指示的请示

请示

请求指示的请示是指当下级机关对上级制订的政策、规定产生疑问或在工作中遇到难以解决的问题时，请求上级机关予以明确答复的财经公务文书。请求指示的请示常用于以下 4 种情况。

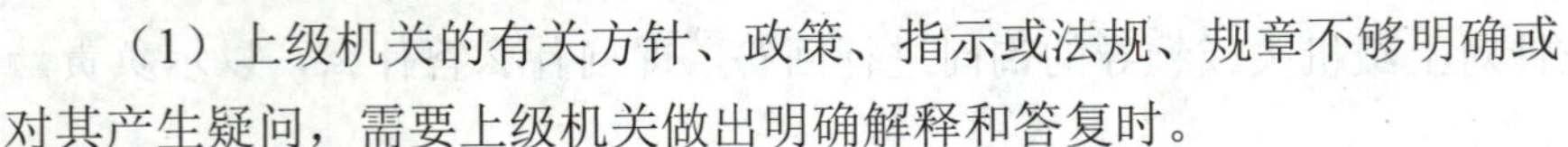

（1）上级机关的有关方针、政策、指示或法规、规章不够明确或对其产生疑问，需要上级机关做出明确解释和答复时。

（2）根据本地区、本单位的实际情况，需要对上级机关的某项政策、规定做出变通处理，有待上级机关重新审定，明确答复时。

（3）遇到新情况、新问题，在有关的方针、政策、规章及上级机关的指示中找不到相应的处理依据，无章可循，因而没有对策，需要上级机关给予指示时。

（4）与友邻机关或协作单位在较重大的问题上出现意见分歧，需要上级机关裁决时。

2．请求批准的请示

请求批准的请示是指当下级机关遇到无权做出决定的事项（如项目立项、人员编制、机构设置、外事活动、换届选举、土地使用权转让等重大问题）时，请求上级机关批准、审定的公文。请求批准的请示常用于以下两种情况。

（1）请求批准有关规定、方案、规划时。下级机关依据有关规章和管理权限制订了某些规定、方案、规划等，请求上级机关批准，以便发布、实施。

（2）请求审批某些项目、指标时。下级机关在工作中遇到人、财、物方面的困难时，可提出解决的方案，请上级机关审核批准，并在人、财、物方面给予相应的调配。例如，下级机关在请求审批基建项目、请求审批购进设备物资、请求增加人员时，需要递交请求批准的请示。

3．请求批转的请示

请求批转的请示是指下级机关在自己的职权范围内制订了相关的办法和措施，却不能直接要求平级机关和不相隶属机关照办时，请求上级机关批转给相关部门执行的公文。撰写这类请示时，撰写者要针对实际工作中遇到的新情况、新问题，提出具体的措施和办法。一旦上级机关批准、转发，请示的内容便具有法定的约束力。

（三）请示的结构与写法

请示一般由标题、发文字号、主送机关、正文和落款构成。

1．标题

标题的结构形式可以分为以下两种。

（1）发文机关+事由+文种构成：如“××乡人民政府关于××项目资金调整的请示”。

（2）事由+文种：如“关于设立大数据会计专业的请示”。

需要注意的是，拟制标题时应简明、准确地概括请示的意图，以便上级机关把握要点。

2. 发文字号

发文字号由发文机关代字、年份和发文顺序号组成，如“新信联办〔2024〕47 号”。

3. 主送机关

主送机关即发文机关或部门的直属上级机关或部门。

4. 正文

正文由主体和结尾两个部分构成。

（1）主体。主体应先简要写出请示的理由，然后用“现将有关事项请示如下”等语句过渡到下一段，再写出请示的具体事项。需要上级指示的请示，应写明问题或疑惑；需要上级审批的请示，应写明具体的处理方案或意见。

（2）结尾。根据内容需要，结尾一般使用惯用祈请语。祈请语应另起一行书写。例如，请求指示的请示结尾可用“可否（妥否、当否），请批示”“以上请示，望予审批”等祈请语；请求批转的请示结尾可用“以上意见如无不妥，请批转……”等祈请语。

5. 落款

落款处应写明请示机关或部门名称及成文日期。

（四）撰写请示时的注意事项

（1）明确主送机关。请示只能主送一个上级机关或主管部门，不可多头请示。请示若需要同时送达其他机关，则可用抄送的形式。请示是上行文，除极其特殊的情况外，原则上不得同时抄送平级机关或下级机关，更不能要求平级机关或下级机关执行上级机关未批准或未批复的事项。

（2）不得越级请示。一般情况下，下级机关应逐级请示，不得越过直属上级机关请示问题。因情况特殊必须越级请示时，下级机关应当同时抄送所越过的直属上级机关或主管部门。

（3）坚持一文一事。请示的内容应集中、单一，确保一文一事，不可一文多事。下级机关若有多件事情需要请示上级机关，则应呈报多份请示。

（4）理由充分，事项明确。请示的理由应充分，并突出请示的必要性，切忌堆砌辞藻。请示事项应明确，提出的意见或办法应合理、具体，不能含糊其词。

（5）用词准确、恰当。在撰写请示时，撰写者应特别注意用词的准确性，不能错用或滥用“希望”“申请”“请批准”“要求”等词。

（6）不得送交领导者个人。除领导者直接交办的事项外，请示不得以机关名义直接送交领导者个人。

课堂互动

下级机关在向上级机关提交请示时，为什么不得同时将其抄送给平级机关或下级机关？请与同学展开讨论，举例说明为什么“可以”或“不可以”，并谈一谈按照流程办事的重要性。

三、批复

（一）批复的概念

批复是指上级机关针对下级机关的请示而制发的具有针对性和指挥性的财经公务文书。《条例》规定：批复“适用于答复下级机关的请示事项”。批复是下行文，是对请示的回文，没有请示就没有批复。

（二）批复的种类

根据批复内容的特点，批复可以分为肯定性批复、否定性批复和解答性批复。

（1）肯定性批复是指对下级机关的请示事项表示同意的批复。其正文应对请示事项的落实、执行等提出指示性意见。

（2）否定性批复是指对下级机关的请示事项予以否定的批复。这种批复要说清楚否定的理由。

（3）解答性批复是指针对下级机关有关法律、法规、政策、措施等的询问予以解答的批复。本机关若无权解答，则可以逐级向上级请示，直到有权做出解释的机关。这种批复对下级机关具有指示性，是下级机关开展工作的依据。

（三）批复的结构与写法

批复一般由标题、发文字号、主送机关、正文和落款构成。

1. 标题

标题的结构形式可以分为以下 3 种。

（1）发文机关+事由+文种：如“国家发展改革委关于新建济南至青岛高速铁路可行性研究报告的批复”。

（2）发文机关+事由+受文机关+文种：如“国务院关于××市住房制度改革试行方案给××省人民政府的批复”。

（3）事由+文种：如“关于同意活动经费请示的批复”。

2. 发文字号

发文字号由发文机关代字、年份和发文顺序号组成。

3．主送机关

批复的主送机关只能是来文请示的下级机关。批复如果具有普遍指导意义，需要发给其他下级机关，则可用抄送的形式。

4．正文

批复的正文一般由批复引语、批复意见和批复结语构成。

（1）批复引语。批复的开头通常引述请示的标题、发文字号、发文日期或主要事项作为依据，然后使用“现批复如下”作为承上启下的过渡句。批复的具体引述方法一般有以下 4 种：① 直接引述来文的日期，如“××××年×月××日来文收悉”；② 来文日期+发文字号，如“××××年×月××日（××〔××××〕××号）文收悉”；③ 来文日期+来文名称，如“××××年×月××日《关于××××的请示》收悉”；④ 来文日期+请示事项，如“××××年×月××日关于××问题的请示收悉”。

（2）批复意见。批复意见是指针对下级请示中的问题予以明确的答复或指示。针对请示的批复一般分 3 种情况：完全同意、不完全同意和完全不同意。意见不同，写法也不同。

完全同意的批复可以不写同意的理由，只明确表态。根据实际情况，还可就具体工作做出指示，指出注意事项。

不完全同意的批复应先说明同意的事项，再讲清楚不同意的事项及其理由。

完全不同意的批复应讲明不同意的理由和依据；也可以在发文之前，先向下级机关讲明理由和依据。

（3）批复结语。批复结语应另起一行写，通常为“此复”“特此批复”等习惯用语。

5．落款

文末右下方写明发文机关和成文日期。

（四）撰写批复时的注意事项

（1）有请必复，一请一复。批复内容必须针对请示事项，一份批复文件只涉及一项请示，不可将对多项请示的回复撰写在一份批复中。

（2）态度鲜明，观点明确。上级机关必须在批复中表明态度，不可含糊其词。批复内容必须具有可行性和指挥性。

（3）及时批复，以免贻误工作。上级机关收到下级机关的请示后要及时研究、讨论，然后做出批复，切忌拖延，以免影响下级机关工作的开展。

范文赏析

【范文一】

正文	批注
××市商务局关于百货大楼重大火灾事故的报告 ×贸发〔20××〕15号	标题写明发文机关名称、事由和文种。通过标题可知，此文为情况报告。
××省商务厅：	开头明确主送机关。
20××年6月4日深夜2时40分，我市江南区百货大楼发生重大火灾，经过2个多小时的扑救，于5时将明火扑灭。事故未造成人员伤亡，但该大楼二层经营的商品及柜台、货架、门窗等全部烧毁，直接经济损失达500万元。造成此次重大火灾的直接原因是二楼一商户经二楼经理同意，从总闸自接线路，夜间没断电而导致电线起火。 这次火灾的发生暴露了该大楼领导对安全管理工作极不重视、内部管理混乱、安全制度不健全、违章作业严重等问题。火灾造成了惨重的经济损失，教训十分深刻。 火灾发生后，市政府、市商务局十分重视，多次派人员到事故现场进行调查，并对事故进行了认真处理，责令该百货大楼二楼经理刘××停职检查，商户李××交纳罚款××××元，并听候进一步处理。 今后，我们要吸取教训，切实加强对安全工作的领导，尤其要加强对个体工商户的安全管理，及时消除各种不安全的因素和隐患，为商户创造良好的经营环境。	正文首先介绍百货大楼发生重大火灾事故的基本情况，并简述了直接原因，然后分析火灾背后的深层原因，接着介绍火灾事故调查与责任人处置情况，最后表达吸取教训、做出改进的意愿。
××市商务局（公章） 20××年6月12日	落款处写明发文机关名称和日期，并加盖公章。

点评

本文是一篇关于火灾事故的情况报告。报告正文阐述了火灾事故的经过、原因、造成的后果及处理措施，并总结了一些教训。情况报告以事实为依据，一事一文，重点突出，详略得当。

【范文二】

范文	批注
广东省交通运输厅 关于广州中船航运有限公司更新运力的请示	标题写明发文机关名称、事由和文种。
粤交水〔2020〕29号	
交通运输部：	开头明确主送机关。
广州中船航运有限公司是一家经营国内沿海省际成品油船、化学品船运输的企业。为拓展运输业务，提高企业的经济效益，现该司申请新增1艘2 400载重吨散装化学品船运力指标，经营国内沿海各港间散装化学品运输。经研究，我厅拟同意该司申请，现将有关资料报上，请审批。	正文首先简要介绍了航运公司；然后写明请示的理由、事项和方案。请示内容列明了相关数据，用词严谨。结尾是惯用祈请语。
广东省交通运输厅（公章） 2020年1月16日	落款处写明发文机关名称和成文日期。

（资料来源：广东省交通运输厅）

点评

这是一份请求批准的请示。请示的正文写明了请求审批事项的背景、缘由和具体方案。文章在表述请示事项时，列明数据，阐明理由，有理有据。

【范文三】

范文	批注
国务院关于东莞深化两岸 创新发展合作总体方案的批复	标题写明发文机关、事由和文种。
国函〔2023〕87号	标题下写明发文字号。
广东省人民政府，国家发展改革委、国务院台办：	开头明确主送机关。
你们关于报送东莞深化两岸创新发展合作总体方案的请示收悉。现批复如下： 1. 原则同意《东莞深化两岸创新发展合作总体方案》。 ………… 3. 国家发展改革委、国务院台办要会同有关部门和单位与广东省人民政府，依托现有相关工作机制，对东莞深化两岸创新发展合作加强协调指导，研究解决《东莞深化两岸创新发展合作总体方案》实施中遇到的问题，探索深化两岸创新发展合作有效路径，促进两岸经济文化交流合作，深化两岸融合发展，及时总结推广经验做法，带动其他地区提升对台创新发展合作水平。重大事项及时向党中央、国务院报告。	正文首先引述请示单位报送的申请文件，然后列明批复的依据，并使用“现批复如下”作为承上启下的过渡句，接着分条阐述具体的批复事项，条理清晰，语言简练。
国务院 2023年9月2日	落款处写明发文机关名称和日期。

（资料来源：中华人民共和国中央人民政府网，有改动）

点评

本文是一篇答复函，发函目的是答复关于报送东莞深化两岸创新发展合作总体方案的请示。正文首先引述请示单位报送的申请文件，然后列明批复的依据，并使用“现批复如下”作为承上启下的过渡句。全文层次分明，逻辑严密，行文符合规范。

病文会诊

县职教中心关于增加专业教师、经费和体育器材的请示

××县教育局：

我校自创办以来，在县委、县政府和县教育局的大力支持下，取得了长足的发展，但也遇到了一些急需解决的困难：

其一，专业教师缺编。我校××个专业班尚缺××位专业教师。这直接影响到教学工作的顺利开展。

其二，办学经费缺少。由于校舍的建造、维修、设备的增添，学校经济出现了严重困难，现已无法正常运转。

其三，体育器材缺乏。体育器材严重缺乏，急需购买补充。

以上请示报告，请批复。

××县职业教育中心（公章）

20××年××月××日

【会诊提示】

（1）该请示违背了“一事一文”原则。文中请示了 3 个问题，不符合规定。

（2）请示事项不明确，且未提出具体方案，上级机关无法批复。

（3）结尾语言使用不当，混淆了“请示”“报告”两类文种。

（4）请示缺少发文字号。

××市人民政府
关于××县××××工程下闸蓄水阶段
移民安置验收结果的批复意见

×府〔20××〕38号

××县人民政府：

你县的请示收悉。现批复如下：

1. 同意你县××××工程下闸蓄水阶段移民安置通过验收。

2. 你县要按照市级验收委员会提出的要求，加快推进××××后靠集中安置点建房工作，进一步落实水库移民后期扶持政策，巩固征地移民安置成果，推动工程早日竣工验收并发挥效益。

另外，你县上个月关于修建另一全新水库的请示，相关部门正在讨论研究，部分领导认为暂不修建为宜。

此复。

××市人民政府

20××年××月××日

（此件公开发布）

【会诊提示】

（1）标题中“批复意见”的表述不规范，应删掉“意见”二字。

（2）正文开头缺少批复引述部分，仅用“请示收悉”无法准确表明下文是对哪一项请示内容做出的批复。

（3）该批复违背了“一请一复”原则，文中夹带了对其他事项的批复，且该批复意见不明确。

写作训练

请根据下列材料，拟写一篇请示。

小董是客户部的负责人。为了增进同事之间的情谊，培养大家的集体主义精神，他计划组织部门员工开展一次团建活动，每人需要500元费用，共12人。

任务三　掌握函、会议纪要的写作方法

职业场景

××商务部门希望在当地广泛地推动实施大数据管理，以加速企业数字化转型，推进企业管理方式、服务模式和商业模式的创新。因此，该部门决定派出考察小组到数字化转型效果较好的地区参观学习。领导让秘书小贾负责拟写函，以便与相关的兄弟单位取得联系，落实此事。

请思考：秘书小贾应写哪种类型的函？函中应该说明哪些事项？

一、函

（一）函的概念

《条例》规定：函“适用于不相隶属机关之间商洽工作、询问和答复问题、请求批准和答复审批事项”。

（二）函的种类

1. 公函和便函

按照性质和格式的不同，函可分为公函和便函。公函即公文函，属于正式公文种类，按照公文格式写作；便函不属于正式公文，格式较为灵活，近似于一般书信。

2. 商洽函、询问函、答复函和请批函

按照用途的不同，函可分为商洽函、询问函、答复函和请批函。

（1）商洽函是指平行机关、不相隶属机关之间商洽工作、联系有关事宜时所使用的函，如《关于选派我司员工×××到××大学进修的函》等。

（2）请批函是指向不相隶属的机关、相关主管部门请求批准事项的函，如《关于批准录用×××等24名同志为××大学教师的函》等。

（3）询问函是指上下级机关之间需要相互询问有关问题而又不宜使用指示、通知、报告、请示等文种行文时而使用的函，如《关于询问全国方便食品会议后各地落实情况的函》等。

（4）答复函是指答复其他机关来函中所提问题的函，如《国务院办公厅关于中国科学技术协会设立科技开发型企业问题的复函》等。

3. 致函和复函

按照行文方向的不同，函可分为致函和复函。

（1）致函也称“去函”，是指某一单位主动向另一单位发的函。

（2）复函即答复函，是指回复对方来函的函。

（三）函的结构与写法

函一般由标题、发文字号、主送机关、正文和落款构成。

1. 标题

标题的结构形式可以分为以下两种。

（1）发文机关+事由+文种：如“国务院办公厅关于同意调整外语中文译写规范部际联席会议制度的函”。

（2）事由+文种：如“关于开展2024年行业调研工作的函”。

2. 发文字号

发文字号由发文机关代字、年份和发文顺序号组成，如“国办函〔2024〕6号”。

3. 主送机关

主送机关即接受函件的机关或单位，应写全称、规范化简称或同类型机关的统称。大多数情况下，函的主送机关只有一个。若函的内容涉及多个部门，也可多头主送。

4. 正文

正文由开头、主体和结尾3个部分构成。

（1）开头。开头写明发函缘由，即发函的原因、目的或依据。商洽函、询问函、答复函和请批函应阐明发函目的。复函应先写明来函名称、发文字号与“收悉”二字，写明答复的依据，然后用“现将有关事项函复如下”等过渡语引出下文。

（2）主体。主体主要说明致函事项，明确地将问题、要求或答复意见告知对方。函的主体内容应符合“一函一事”原则。函的行文应直陈其事，若内容较多，可分条陈述，以使其条理清晰。

（3）结尾。致函结尾一般可采用诸如“特此函达”“请研究函复”“请函复”“盼复”“以上意见当否，请复函”等习惯用语收束。复函的结尾通常有“此复”“特此函复”等字样。函的结束语可直接放在函告的事项之后，也可换行另写；有的函也可以不写结束语。

5. 落款

落款处应写明发文机关名称和成文日期，并加盖公章。

各类函的标题和结尾的用语示例如下（见表1-3）。

表 1-3　函的标题和结尾的用语示例

文种	标题示例	结尾示例
商洽函	××关于商洽（合作、协助）××的函	① 恳请协助 ② 不知贵方意见如何，请函告 ③ 望协助办理，并请尽快见复
请批函	××关于请求××（事项）的函	① 请审查，批准 ② 当否，请审批
询问函	××关于请回复××（事项）的函	① 即请函复 ② 盼予函复
答复函	××（复函机关名称）关于××（答复事项）的复函	① 特此函复 ② 特此函达，即希查照

（四）撰写函时的注意事项

（1）行文目的明确，确保一函一事。函的行文应开门见山。无论是致函还是复函，都要尽快切题，力戒漫无边际。函应遵循一文一事原则，不可一文数事。若有其他事项，则须另外行文。

（2）使用陈述性语言，行文朴实。函的内容以陈述为主，只需把商洽的工作、询问或答复的问题、请求上级机关批准的事项写清楚即可。函的语言要朴实，语气要恳切，态度要谦逊，忌用命令、指导的语气。

二、会议纪要

（一）会议纪要的概念

会议纪要是指记载、反映会议情况和议定事项的纪实性财经公务文书。《条例》规定：会议纪要“适用于记载会议主要情况和议定事项”。

（二）会议纪要的特点

1. 纪实性

会议纪要必须是会议宗旨、基本精神和所议定事项的概要纪实，不能随意增减和更改内容，任何不真实的材料都不得写进会议纪要。

会议纪要与会议记录的区别

2. 概括性

概括性是会议纪要区别于会议记录的主要特点。会议记录是由专人把会议的基本情况如实记录下来的书面材料。会议纪要则是根据会议的中心议题、指导思想和议定事项，在会议记录所提供材料的基础上，经过概括、整理、提炼而形成的。其能够更集中地反映会议的精神实质，具有高度的概括性。

3．指导性

会议纪要具有两项功能，一是“记载”，二是“传达”，且是通过“记载”去“传达”。会议纪要所记载、传达的会议情况和议定事项，是与会者及其组织的共同意志的体现，是会议成果的结晶，集中反映了会议的精神实质，因而具有较强的指导性。

（三）会议纪要的种类

1．日常例会纪要和专项会议纪要

按照会议性质的不同，会议纪要可分为日常例会纪要和专项会议纪要。

（1）日常例会纪要。日常例会是机关单位为研究工作、做出决定或解决某些实际问题而召开的常规性会议，如行政办公会、月度总结会等，反映这类会议具体情况的纪要就称为日常例会纪要。

（2）专项会议纪要。专项会议是为研究专项问题而召开的会议，如工作会、座谈会、研讨会等，反映这类会议具体情况的纪要就称为专项会议纪要。

2．决议性会议纪要、协议性会议纪要和研讨性会议纪要

按照会议内容与作用的不同，会议纪要可分为决议性会议纪要、协议性会议纪要和研讨性会议纪要。

（1）决议性会议纪要主要记载和反映会议做出的重要决策，常用于各级领导机关的办公会，如市（县）长办公会议、局长办公会议等。

（2）协议性会议纪要主要记载双边或多边会议的有关内容及达成的协议等情况，常用于领导主持召开的多部门协调会或不同单位共同召开的联席办公会等。

（3）研讨性会议纪要主要记载和反映经验交流会议、各种专业会议或学术性会议的研讨情况，常用于职能部门或学术研究机构召开的专业会议、学术研讨会议等。

（四）会议纪要的结构与写法

会议纪要一般由标题、发文字号、正文和落款构成。

1．标题

标题的结构形式可以分为以下 3 种。

（1）发文机关+议题+文种：如“市场监督管理局关于食品药品安全监管工作会议纪要”。

（2）会议名称+文种：如“全国财贸工会工作会议纪要”等。这类标题最为常见。

（3）正标题+副标题：正标题提出问题或揭示会议主旨，副标题多为“会议名称+纪要”，如“加强网络和信息安全是全体员工共同的职责——××集团信息安全教育工作研讨会会议纪要”。这种标题常见于报刊发表的会议纪要。

2．发文字号

发文字号由发文机关代字、年份和发文顺序号组成，如“湖政专纪〔2024〕3 号”。

3. 正文

正文通常由开头、主体和结尾3个部分构成。

（1）开头。开头又称“导言”，主要用于概述会议的基本情况，包括会议的名称、时间、地点、目的、主持人、参加人、议程和主要成果等。这部分内容一般比较简练，通常用“现将会议主要精神纪要如下”“现将这次会议研讨的几个问题纪要如下”等过渡句引出下文。开头的常见写法有以下两种。

列项式是将会议名称、时间、地点等要素依次列出，各占一行，让人一目了然。这种写法多用于办公会议纪要。

概述式是用一段文字对会议的基本要素进行简要叙述，使人看后对会议情况和基本精神有大致的了解。

（2）主体。主体的内容一般包括会议研究的问题、讨论的意见、做出的决定和提出的措施等。其常见写法有条款法、综述法、归类法和摘记法等。

条款法是指采用条款的形式对会议议定的事项加以简要说明，并分别标上序号，一个条款写一个事项的写法。这种写法适用于工作部署会议、办公会议、工作协调会议等。

综述法是指将会议所讨论、研究的问题总结成若干部分，每个部分集中谈一个方面的问题的写法。较复杂的工作会议或经验交流会议的纪要多采用这种写法。

归类法是指当会议涉及的内容较广、讨论的问题较多时，按所讨论的问题或议定的事项对会议内容进行分类整理，为各部分内容标注序号、加上标题，并采用分段或分条的方式阐述相关内容的写法。

摘记法是指按照发言顺序记录每个人的发言要点，或从不同的角度整理出会议的主要内容的写法。

（3）结尾。结尾部分通常对与会单位和个人提出要求、希望或发出号召。必要时可对会议进行简要评价，或就会议议定的相关问题向有关部门提出意见或建议。有时还可列明出席人员名单。

4. 落款

会议纪要的落款一般由发文机关、成文日期（即纪要的形成日期，可用圆括号标注于纪要标题之下）、主送单位等内容组成。纪要可不加盖印章，如需盖章，可由会议主办单位代章。

（五）撰写会议纪要时的注意事项

（1）真实准确。会议纪要应真实、准确地反映会议的情况和精神。这要求会议纪要撰写者认真地进行会议记录，详尽地了解会议情况，做好各项基础工作。

（2）内容精练。会议纪要的语言文字应简练准确、朴实无华、通俗易懂。

（3）要点突出。会议纪要是记录会议的中心内容和讨论要点。对于会议涉及的重要内容，应着重写；反之，应少写或不写。

（4）取舍适当。会议纪要应集中反映符合会议宗旨的多数人的一致意见。但如果少数人的意见是正确的，则会议纪要应予以反映；与会者的意见如果确有较大分歧，难以达成统一，则一般不写入会议纪要，但研讨性会议纪要除外。

范文赏析

【范文一】

<table>
<tr><td>

自然资源部办公厅
关于国土空间规划编制资质有关问题的函

自然资办函〔2019〕2375 号

各省、自治区、直辖市及计划单列市自然资源主管部门，新疆生产建设兵团自然资源局，省会城市自然资源主管部门：

为深入贯彻落实《中共中央 国务院关于建立国土空间规划体系并监督实施的若干意见》，加强国土空间规划编制的资质管理，提高国土空间规划编制质量，我部正加快研究出台新时期的规划编制单位资质管理规定。新规定出台前，对承担国土空间规划编制工作的单位资质暂不作强制要求，原有规划资质可作为参考。

自然资源部办公厅（公章）
2019 年 12 月 31 日

</td><td>

标题写明发文机关名称、事由和文种。

标题下面写明发文字号。

开头明确主送机关。

正文首先说明致函事项的相关背景，然后明确地将有关问题的答复意见告知对方。

落款处写明发文机关名称和日期，并加盖公章。

</td></tr>
</table>

（资料来源：中华人民共和国自然资源部网）

点评

本文是一篇答复函，发函目的是解答国土空间规划编制资质的有关问题。在答复问题之前，正文先简要说明了致函事项的相关背景，即“我部正加快研究出台新时期的规划编制单位资质管理规定”，然后回答了国土空间规划编制工作单位资质的问题。全文层次分明，逻辑严密，行文符合规范。

【范文二】

关于市人民政府第一招待所
资产归属有关事宜专题会议纪要

湖政专纪〔2019〕35号

2019年5月20日，市委常委、常务副市长×××召集市机关事务局、市机关事务中心、市城市集团、市交通集团等有关单位负责人，就市人民政府第一招待所（以下简称“一招”）资产归属等有关事宜召开专题会议。市政府副秘书长××参加会议。会议就有关事项明确如下：

一、关于一招资产权属问题

会议明确一招新址上的资产归一招所有，鉴于目前该资产融资担保的实际情况，在市交通集团融资抵押到期后（2024年3月26日），再研究过户事宜。一招改制完成后整体无偿划转至市城市集团名下。改制过程中改制成本不足部分，由市城市集团负责解决。

二、关于一招管理模式问题

按照一招现有建制作为市城市集团子公司，委托市机关事务中心管理。市机关事务中心要加强对一招人、财、物的全面管理，确保一招正常经营，确保国有资产保值增值。

三、关于市交流干部宿舍楼产权过户问题

与一招一同搬迁至中兴大厦地块的市交流干部宿舍楼产权，根据中办、国办《关于异地调动干部住房管理暂行规定》的有关条款和《关于中兴大厦有关问题专题会议纪要》（市政府2012年第91号）精神划转至市机关事务中心，市城市集团配合做好过户工作。

四、关于地下车库管理问题

一招（中兴大厦）地下车库由市城市集团统一管理经营。市城市集团、一招干部职工在地下车库停车实行免费。市城市集团予以保障一招经营所需车位，相关事项双方协商解决。市交流干部停车由市城市集团负责，一招做好配合。

五、关于中兴大厦14楼会议中心管理问题

中兴大厦14楼会议中心是市人大和市政协召开常委会会议的主要地点，根据《关于中兴大厦有关问题专题会议纪要》（市政府2012年第91号）精神和2015年12月17日有关市领导的批示精神，由市机关事务中心管理。市城市集团使用会议室实行免收费用。

六、关于加强合作问题

市城市集团、一招确定专人，加强日常工作的沟通对接，及时解决发生的问题。市城市集团、一招要本着理解、体谅原则，加强配合，互利共赢。

出席：吴××　周××　黄××　沈××　曾××
分送：市级有关单位。

湖州市政府办公室（公章）
2019年7月29日

> 标题写明事由和文种。通过标题可知，此文为专项会议纪要。

> 正文开头概述会议的基本情况，包括会议时间、议题、参加人等，然后采用条款形式，从6个方面对会议议定的事项进行简要说明。

> 结尾列明出席会议的人员姓名和分送单位名称。

> 落款处写明发文机关名称和日期，并加盖公章。

（资料来源：湖州市人民政府网）

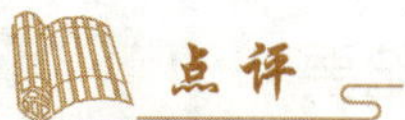

点评

本文是一篇专项会议纪要，是针对市人民政府第一招待所资产归属有关事宜专项会议而撰写的纪要。全文内容层次分明，条理清晰，语言简练，重点突出，让人一目了然。

病文会诊

××市文化局
关于申请拨款维修省政府机关办公室的函

×函〔20××〕25号

市财政局：

市文化局办公楼大多是20世纪70年代修建的，不少墙体已十分破烂，今年雨水量又多，漏雨现象十分严重。有两个办公室近乎倒塌，急需维修。由于我局除财政拨款外无另外的资金来源，故请及时拨款，以解决急需之用。

请迅速回应是否予以批准。

附：维修图纸与预算

××市文化局（公章）

二〇××年十月四日

（附件正文略）

【会诊提示】

（1）正文语气含有命令的意味。发文单位与受文单位是平级关系，发文单位有求于受文单位，理应以商量、请求的口吻行文，而正文中“请及时拨款”“请迅速回应”等字眼都有命令对方的意味，显得不尊重对方。

（2）文中未说明拨款的具体数额，这会使得受文单位无法答复。

（3）落款日期的写法不符合行文规范，应使用阿拉伯数字书写。

关于中心城区内河蓝藻防控与保洁有关事宜专题会议纪要

××专纪〔20××〕29号

会议听取了市生态环境局关于中心城区内河蓝藻防控与保洁有关情况的汇报。会议认为，厘清中心城区内河蓝藻防控与保洁的责任体系，从根本上改变多头管理的局面，对提升中心城区内河水生态环境质量具有重要作用。会议要求，各有关单位要按照4月16日市委副书记、市长××调研蓝藻防控工作的讲话要求，统一思想、协同协作，确保中心城区内河蓝藻防控与保洁工作平稳有序过渡。会议就有关事项明确如下：

中心城区内河蓝藻防控与保洁以属地管理为原则，各责任单位要做到河道“不绿不臭”“日聚日清”，保持河道干净整洁。

（1）××区负责11条河段。（略）

（2）××××区负责7条河段。（略）

（3）市建设局负责2条河段。（略）

自20××年7月1日起，以上河段的蓝藻防控与保洁等管理权责按要求移交到位。

根据以上责任划分和移交时间，由市财政局对××区政府、××××区管委会和市建设局蓝藻防控与保洁的财政保障经费重新划分落实。××港和××港的管理经费参照20××年湖办第54号抄告单执行。

××市人民政府办公室

20××年6月25日

【会诊提示】

（1）正文缺少会议的基本情况，包括会议的名称、时间、地点、目的、主持人、参加人、议程和主要成果等。

（2）正文主体层次不清，应采用条款形式列明小标题，如“责任划分”“移交时间”“经费保障”。

（3）文末没列明出席人员姓名、受文单位或部门。

写作训练

请根据下列材料，写一份原单位同意调出函。

某校学生李××，于20××年通过××省国家税务总局系统公务员录用考试，被分配到××县税务局工作至今，现因个人原因需要调动工作。××县税务局同意李××调动工作。

项目自测

一、不定项选择题

1. 通知的种类有（　　）。

A. 指标性通知、周知性通知、颁转性通知

B. 指示性通知、周知性通知、转发性通知

C. 指示性通知、周知性通知、颁转性通知

D. 指标性通知、周知性通知、转发性通知

2. 下列有关通知写作注意事项的说法，错误的是（　　）。

A. 主题集中，多事一文　　B. 重点突出，措施具体

C. 详略得当，结构合理　　D. 讲究时效，快捷及时

3. 按照适用范围、内容及作用的不同，通报可分为（　　）。

A. 表彰性通报　　B. 歌颂性通报

C. 批评性通报　　D. 情况类通报

4. 按照表达方式的不同，通报可分为（　　）。

A. 直叙式通报和转叙式通报

B. 直述式通报和转述式通报

C. 直写式通报和转写式通报

D. 直达式通报和转达式通报

5. 撰写通报时，应注意的事项有（　　）。

A. 事例典型　　B. 材料真实

C. 叙述简明　　D. 数据真实

6. 报告的种类有（　　）。

A. 工作报告、现状报告、答复报告、送达报告

B. 工作报告、现状报告、答复报告、送达报告

C. 工作报告、情况报告、答复报告、报送报告

D. 工作报告、现状报告、答复报告、送达报告

7. 下列有关报告写作注意事项的说法，错误的是（　　）。

A. 汇报及时，注重实效

B. 实事求是，内容真实

C. 多事一文，节约成本

D. 重点突出，详略得当

8. 下列有关请示写作注意事项的说法，错误的是（　　）。

A. 明确主送机关、不得越级请示

B. 坚持一文一事，理由充分、事项明确

C. 用词准确、恰当，不得送交领导者个人

D. 坚持多文一事，理由充分、事项明确

9. 下列有关批复写作注意事项的说法，错误的是（　　）。

A. 有请必复，一请一复

B. 态度鲜明，观点明确

C. 不需要请示，随时批复

D. 及时批复，以免贻误工作

10. 按照性质和格式的不同，函可分为（　　）。

A. 公函和信函　　B. 公函和私函

C. 私函和便函　　D. 公函和便函

11. 按照用途的不同，函可分为（　　）。

A. 商务函、询问函、回答函、请批函

B. 商洽函、询问函、答复函、请批函

C. 商务函、询问函、答复函、请示函

D. 商务函、问询函、答复函、请批函

12. 会议纪要具有（　　）。

A. 连载性　　B. 纪实性

C. 概括性　　D. 指导性

二、简答题

1. 简述财经公务文书的作用。
2. 简述报告的结构与写法。
3. 简述撰写函时的注意事项。
4. 简述撰写会议纪要时的注意事项。

项目评价

全班同学每 5 人一组，结合写作训练与项目自测的完成情况，按照表 1-4 的评价标准，对本项目的学习情况进行自评和互评，并请老师进行总体评价。

表 1-4　考核评价表

考核内容	评价标准	分值	评价得分		
			自评	互评	师评
知识与技能考核（60%）	能够复述财经公务文书的概念和作用	5			
	能够简要介绍财经公务文书的文面格式和印装格式	10			
	能够复述通知、通报、报告、请示、批复、函和会议纪要的概念，并能举例说明它们各自的种类	15			
	掌握通知、通报、报告、请示、批复、函和会议纪要的结构与写法	15			
	明确通知、通报、报告、请示、批复、函和会议纪要的写作注意事项	15			
过程与方法考核（20%）	课前主动预习，积极搜集各类财经公务文书范文	5			
	认真分析所搜集的财经公务文书范文的作用、结构和语言特点	5			
	积极参与课堂讨论，并与同学交流自己的观点	5			
	认真完成课后作业，注重写作体验，善于通过模仿提高写作水平	5			
综合素养考核（20%）	树立法治意识和国家安全意识	5			
	会欣赏蕴藏于财经应用文中的美，增强文化自信	5			
	拥有严谨、求实的学习态度和强烈的责任意识	5			
	提升对信息的洞察力和判断力，增强思辨能力	5			
总评	自评（20%）+互评（20%）+师评（60%）=	教师（签名）：			

项目二

拨烦理乱，言简意赅
——财经事务文书

素养目标

（1）树立遇事用规矩、办事讲规矩、成事靠规矩的行动自觉。

（2）养成定期撰写计划和总结的好习惯。

知识目标

（1）了解财经事务文书的概念、作用和写作要求。

（2）了解计划、总结、条据、启事的基础知识。

（3）掌握计划、总结、条据、启事的结构与写法。

能力目标

能够在工作中熟练运用财经事务文书解决一些实际问题。

财经事务文书概览

一、财经事务文书的概念

财经事务文书是指企事业单位、社会团体或个人在日常的财经工作中沟通信息、总结经验、研究问题、指导工作、规范行为的实用文书。其使用频率高，应用范围广，在财经活动中发挥着重要作用。

二、财经事务文书的作用

（一）规范约束作用

财经事务文书有着一定的规范和约束作用。例如，计划是企事业单位为达到某一目标，对未来一段时期内的活动做出的部署，其对计划涉及范围内的每一位成员都有规范和约束的作用，同时也为以后的工作考核等提供了依据。

（二）积累资料作用

财经事务文书是企事业单位和社会团体日常财经活动的文字记录，不仅能起到处理事务、交流情况的作用，而且其中的一部分又能成为工作情况的原始记录，具有较高的参考价值。

三、财经事务文书的写作要求

（一）以准确为基础

1. 材料要确凿

财经事务文书所涉及的时间、地点、人名、数据、引语和事例等内容都必须符合客观事物的本来面貌，即以事实为依据。

2. 观点要正确

财经事务文书中的观点要符合各个相关部门的政策及有关规定。观点应实事求是，不能以偏概全或把偶然当必然，更不能歪曲事实。

3. 表述要准确

财经事务文书用语要严密、得当，语义应明确、固定，不致产生歧义。财经事务文书若确实需要使用模糊语言，则要根据语境恰当运用，切不可滥用。

（二）以鲜明为本色

1．提出问题要直接

财经事务文书注重实用，应采用开门见山的写作手法，一针见血地指出主要问题，不要拐弯抹角、不着实质。

2．中心思想要突出

财经事务文书的内容要围绕中心思想展开，以使主题单一、鲜明、突出。

3．语言表达要简明

财经事务文书的结构层次要清晰，可多采用条目式或图表式的写作方式；语言应通俗易懂、简洁明快。同时，财经事务文书应尽可能在标题中概括出事由或在篇首阐述概况，让读者一看便知，从而准确地把握内容的主要精神。

任务一　掌握计划、总结的写作方法

职业场景

王林是××人寿保险有限公司北京分公司的财务部经理。为了提升部门员工的工作能力，提高部门工作效率，公司领导经与王林经理讨论、研究，决定对财务部所有员工进行培训，培训周期为 7 天。

以下是公司发布的培训通知中的主要内容。

培训目的：帮助员工更新财务知识结构，并培养其高瞻远瞩的战略思维。

培训内容：① 新环境下首席财务官的角色定位及公司治理；② 内部控制与风险管理；③ 首席财务官的高效领导力；④ 财务战略和企业战略的整合；⑤ 企业上市操作实务与资本运作。

王林经理要求部门员工陈佳根据公司发布的通知撰写一份培训计划，并要求参加培训的每一位员工在培训结束后提交一份总结。

请思考：计划有哪些特点？在撰写计划时需要注意哪些事项？总结具有什么作用？其结构与写作方法是怎样的？

一、计划

（一）计划的概念

计划是指企事业单位、社会团体或个人为完成某一任务或实现某项目标，预先对今

后一定时期内的工作、活动进行安排的财经事务文书。计划是一个泛称，常见的“规划”“纲要”“安排”“打算”“方案”“设想”等实质上都是计划。

一般来说，期限较长、涉及范围较广、内容较笼统的计划称为“纲要”“规划”；内容较单一的计划称为“安排”“打算”；从目的、要求、方式方法和进度等方面对未来某项工作进行全面且详细的安排时，宜用“方案”；对于比较粗略的打算或安排，宜用“设想”。

（二）计划的特点

计划规定了所要完成任务的具体目标、要求、时间进度等内容，既有利于实行标准化、正规化的管理，又有利于监督、检查和指导工作，具有目标性、预见性、可行性等特点。

1. 目标性

在撰写计划前，撰写者应对计划涉及的任务做出全面、合理的安排，做到统筹兼顾，防止顾此失彼。计划必须要有明确的目标，目标是计划的核心，计划的全部内容都应围绕着目标展开，为这个既定目标谋划最优的策略和步骤，落实具体的措施或方案等。

2. 预见性

任何事物在其发展过程中都会出现未知的变化。因此，为了实现既定目标，撰写者就要对活动过程中可能出现的情况进行估计与分析，并针对可能出现的困难或问题，提出具有预防性的建议或改进措施，这样才能确保计划的顺利进行。

3. 可行性

制订计划时，撰写者必须坚持实事求是原则，从实际出发，做到切实可行，即计划的内容既不能有贪功冒进的意图和急功近利的妄想，也要防止僵化保守、无所作为。

（三）计划的种类

1. 综合性计划和专题性计划

根据性质的不同，计划可分为综合性计划和专题性计划。

1）综合性计划

综合性计划又称“总体计划”，是指对某一单位或部门在一定时期内的所有工作做出全面安排的计划，如《×××贸易公司20××年工作计划》。

2）专题性计划

专题性计划又称“单项计划”，是指对某一具体的工作做出安排的计划，如《本月员工团建活动计划》。

2. 条文式计划、表格式计划和文表结合式计划

根据表达方式的不同，计划可分为条文式计划、表格式计划和文表结合式计划。

1）条文式计划

条文式计划是指以分条说明的形式呈现内容的计划。计划涉及的目标、数据等穿插在相关部分的文字叙述之中。这是较为常见的一种计划。

2）表格式计划

表格式计划是指用表格来展示内容的计划。表格式计划的栏目通常包括任务名称、任务概述、开始时间、完成时间、完成度、待解决问题和改进措施等。定期的、以数据为指标的计划适合采用这种类型，如企业的产销计划、相关经济管理部门下达经济任务的计划等。

3）文表结合式计划

文表结合式计划是指内容既有条文式的表述，又有表格的计划。条文和表格相互配合，可以把较为繁杂的内容用简洁、清晰的方式表达出来。

除此之外，计划还有多种类型。例如，按照内容划分，计划可分为工作计划、培训计划、科研计划、教学计划等；按照时间划分，计划可分为年度计划、季度计划、月计划、周计划等；按照范围划分，计划可分为行业计划、单位计划、部门计划、个人计划等。

（四）计划的结构与写法

计划一般由标题、正文和落款构成。

1. 标题

计划的标题有多种写作方式，常见的主要有以下几种。

1）完整式标题

完整式标题一般由制订计划的单位名称、完成时限、计划内容和文种 4 个部分构成，如“××会计师事务所××××年招聘计划”。

2）省略式标题

省略式标题在完整式标题的基础上省略时限或单位，如“××产品销售计划”“××××年第一季度生产方案”“工作计划”等。

3）文章式标题

文章式标题一般按照计划的主题或要达到的目标拟定，如“团结动员集团广大员工，为实现理想而努力奋斗”。

2. 正文

计划的正文包括引言、主体和结尾。

1）引言

引言又称“前言”，在正文中起着引导作用。引言一般简明扼要地介绍制订计划的背景、依据、指导思想，以说明计划的意义和重要性。

2）主体

主体部分应说明计划的具体内容，即计划的目标、任务要求、时间、措施、实施步骤等事项。一份合格的计划应确保目标明确、条理清晰、措施具体和步骤有序。

（1）目标是指计划完成的任务，是计划的核心内容。这一部分内容要明确指出总体目标和基本任务，以及各项任务要达到的数量和质量等指标。

（2）措施是指为完成任务所采用的方式或方法，是决定计划是否具有可行性的关键。一份完整的计划不仅要有目标任务，也要有具体措施，包括完成计划需要动员哪些力量、创造哪些条件、排除哪些困难、采取哪些手段、通过哪些途径等。只有列明具体措施，制订的计划才切实可行。

（3）实施步骤是指对计划执行的阶段进行划分，强调时限和先后有序。在撰写计划时，撰写者必须要有全局观念，经过分析、对比、统筹，设计出科学的实施步骤，并对人、财、物进行合理配置和周密安排。这样才能做到职责明确、操作有序、执行无误，保证计划的顺利实施和完成。

3）结尾

计划的结尾通常有总括式结尾和自然式结尾两种写作方式。

总括式结尾是指为使文意完整，有些计划可在文末概括说明完成计划的有利条件或表明信心和决心的写作方式，如“本季度的工作一定会开展得丰富多彩，希望我们部门在上一季度成绩的基础上再创辉煌，将我部的工作推上一个新的台阶”。这段结尾简明扼要，表明了信心，提出了希望。

自然式结尾是指叙述完主体内容就自然收尾的写作方式。

3. 落款

在正文右下方署上制订计划的单位名称和成文日期。如果所写计划将以公文的形式下发，则还应加盖公章。

（五）撰写计划时的注意事项

（1）从实际出发，统筹兼顾。撰写者无论撰写哪一类计划，都必须从实际出发，要充分分析客观条件。计划的撰写既要有前瞻性，又要留有余地，以便计划执行者通过一番努力能够完成。此外，事关全局的计划应考虑周全，处理好大计划与小计划的关系、整体与局部的关系等。

（2）重点突出，主次分明。在目标较多的情况下，计划要明确各个目标的先与后、重与轻、主与次等关系。措施的安排只有做到点面结合、有条不紊，才有利于工作的全面开展，进而取得事半功倍的效果。

（3）目标明确，步骤具体。计划中的目标应明确具体，步骤应详细，以利于实际工作的顺利开展为基准。

二、总结

（一）总结的概念

总结是指对过去某一阶段的工作、学习或某项工作进行回顾，分析成绩与问题，反思经验与教训，以指导今后工作的财经事务文书。日常工作中的总结通常还有其他名称，如“回顾”“小结”“体会”“经验”“心得”等。

通过总结，人们可以把零散、肤浅的感性认识上升为系统、深刻的理性认识，从而得出科学的结论，以便发扬优点、改正缺点，使今后的工作少走弯路、多出成果。同时，总结得出的科学结论还可以作为先进经验进行推广，为其他单位或个人借鉴。

（二）总结的特点

1. 自身性

总结是以第一人称，从自身出发撰写的。它是单位或个人自身实践的反映，其内容均来自自身实践，自身性较强。

2. 指导性

总结以回顾、反思的方式对自身以往实践做出理性的认识，发现事物的本质和发展规律，归纳经验和教训，以指导未来的工作。

3. 理论性

总结通过对过去某一阶段工作的经验和成果进行分析研究，从中提炼出价值较高的内容，并将其上升到理论的高度，从而更好地指导今后的实际工作，同时推动相关领域的发展。

4. 客观性

总结是对实际工作再认识的过程，其内容必须完全忠于客观实践，其材料必须以客观事实为依据，真实、客观地分析实际情况、总结经验，不允许包含主观愿望。

（三）总结的种类

根据性质、内容、时间、范围等不同标准，总结可划分为多种类型。

（1）按照性质划分，总结可分为综合性总结和专题性总结。

总结的种类

综合性总结又称“全面总结”，是指对过去某一阶段各项工作的全面回顾，如《××公司××××年度工作总结》《××银行××分行上半年工作总结》等。

专题性总结又称“单项总结”，是指对某项工作或活动进行的专门的总结，尤以总结成功经验较为多见，如《××集团××××年度销售工作总结》《××市××区植树造林工作总结》等。

（2）按照内容划分，总结可分为工作总结、学习总结、科研总结、教学总结等。

（3）按照时间划分，总结可分为年度总结、季度总结、月度总结等。

（4）按照范围划分，总结可分为地区总结、部门总结、个人总结等。

（四）总结的结构与写法

总结一般由标题、正文和落款构成。

1. 标题

总结的标题有多种写作方式，常见的主要有以下几种。

1）文件式标题

文件式标题由总结的单位名称、时限、内容和文种 4 个部分构成，如“××集团××××年度对外贸易工作总结”“××市财政局××××年城市改造工作总结”等。

2）文章式标题

文章式标题由总结的主要内容或基本观点构成，不出现总结字样，如“我们是如何实现理论与实际相结合的”。

3）双行式标题

双行式标题由正标题和副标题构成。正标题点明主旨，副标题具体说明总结的单位名称、时限、内容和文种，或只说明内容和文种，如“适应新的形势，努力做好财会工作——××金融有限公司财务部××××年工作总结”。

2. 正文

总结的正文由开头、主体和结尾构成。

1）开头

开头一般介绍撰写总结的依据、背景和基本概况等，也可简略地概括总结的主题并做出基本评价。总结的开头力求简洁，开宗明义。常见的总结开头有以下几种写法。

（1）概括式：简要介绍基本情况，讲清主次，为下文的叙述奠定基础。

（2）提问式：以提问的方式直接点明主题，引人注意。例如，“‘会计职业道德’是每一位会计从业人员的素质必修课。那么，通过学习究竟可以获得哪些知识呢？现结合本人的学习经历，谈几点体会。”这段开头在点明主题的同时，以提问的方式设置悬念，引起读者继续阅读的兴趣。

（3）对比式：将前与后、新与旧或先进与落后进行对比，分出优劣，引出下文。例如，“2017 年至 2020 年，我厂平均每年亏损 40 余万元人民币。成立集团公司后，我厂不仅扭亏为盈，而且连年来产值、利润均大幅度稳步提高，2023 年更是创盈利新高，净利润增加 2 000 万元人民币……”这段开头将前后两组差别显著的数据做对比，以引起读者对所总结的经验和所取得的成绩的注意。

（4）结论式：开门见山提出总结的结论，引发读者对总结过程的兴趣。例如，“经过一学期的刻苦学习，我取得了理想的成绩。这使我得出一个终身受益的结论——科学有效的学习方法是提高学习成绩的关键。”这段开头直截了当地给出了总结的结论，先声夺人，能够激起读者对学习方法的探索欲。

2）主体

主体是总结的重点部分，一般占全文 2/3 以上的篇幅。主体部分通常包括以下 4 个方面的内容。

（1）基本情况：这部分内容应简要地说明某一时期所做的各项工作或某项工作的各个方面。撰写者可以分项表述，但切勿记“流水账”，而应着眼于工作中的重点事项，清楚地反映工作的开展过程。

（2）取得的成绩：这部分内容是总结的主要内容，应详细地讲述工作中取得的主要成绩或获得的经验，并做出相对客观的评价，以体现总结的客观性。

（3）存在的问题：这部分内容应写明工作中应当解决而暂时没有条件解决或没有办法解决的问题，应写得中肯、有针对性。专门总结成功经验的总结，可以不写这部分内容。

（4）今后的打算：今后的打算即展望未来。总结是通过回顾过去的工作为制订下一阶段的计划做铺垫的。因此，总结在谈到今后的打算时，既要与常规工作、核心工作和长远计划相结合，又要与本阶段工作存在的问题相结合。需要注意的是，总结在讲述今后的打算时宜粗不宜细，宜简不宜繁。

主体部分有以下 4 种常见的写作方式。

（1）条目式：把材料概括成若干点，按照一定的次序分条目叙述。

（2）三段式：按照认识事物的逻辑顺序来安排内容，先对总结的内容做概括性描述，表明基本观点；接着叙述事实经过，同时进行初步分析；最后总结经验教训和存在的问题，并做出一定的展望。

（3）分项式：先将所做的事情进行分类，然后逐一叙述，其中每类问题也可采用三段式来撰写。这种结构较为复杂，多用于综合性总结。

（4）漫谈式：把自己的实践、认识、体会慢慢地叙述出来。漫谈式结构的优点是比较亲切，缺点是仅用一条主线贯穿全文，可能会出现条理模糊的情况。撰写者希望通过总结向别人介绍自己的经验时，可采用漫谈式来撰写。

3）结尾

结尾即总结的结束语，通常包括呼应主题、指出努力方向、提出改进意见或表示决心等内容。

3．落款

落款包括署名和成文日期，可写在正文的右下角。单位名称已经在标题中出现的，则可不再署名。有时，署名也可写在标题下方。

（五）撰写总结时的注意事项

（1）要用实事求是的态度来写。总结的撰写常会出现两种倾向：一种是好大喜功，只讲述自己的成绩，不谈出现的问题；另一种是将总结写成了“检讨书”，只说缺点，全盘否定自己。这两种总结均未做到实事求是。总结正确的写法应是如实地、辩证地分析和评价以往的工作。也就是说，对于成绩，不要夸大其词；对于问题，不要轻描淡写。

（2）要有参考性和指导性。一方面，总结要抓住主要矛盾，无论是谈成绩还是谈问题，都不要面面俱到；另一方面，总结要对主要问题进行深入分析，如谈成绩时要讲述清楚是如何做的，为什么要这么做，效果如何及获得了哪些经验；谈问题时要讲述清楚是什么问题，为什么会出现这种问题，其性质是什么及得到了什么教训。

（3）要用第一人称来写。总结要从本人、本部门、本单位的角度来撰写。

（4）要注意阅读对象。阅读对象就是总结的读者或使用者。总结应尽量使用读者能看得懂的语言，少使用专业术语。

如何理解总结与计划的关系？

范文赏析

【范文一】

丽江市审计局2022年审计项目计划

> 标题点明发文机关、时限、事由和文种。

2022年是推动“十四五”目标任务落实的关键之年，是新《审计法》实施元年，根据《云南省审计厅审计项目计划管理实施细则》要求，为做好2022年度各项审计工作，制订本计划。

一、审计项目安排的总体思路

以习近平新时代中国特色社会主义思想为指导，深入贯彻党的十九大和十九届四中、五中、六中全会及中央经济工作会议、省第十一届党代会会议精神，认真贯彻落实习近平总书记考察云南重要讲话精神和对审计工作的重要指示精神，完整、准确、全面把握进入新发展阶段、贯彻新发展理念、构建新发展格局对审计工作提出的新任务、新要求，立足“审计监督首先是经济监督”定位，聚焦财政收支真实合法效益审计主责主业，主动服务全市经济社会发展大局，统筹审计资源，把握审计监督重点，加大审计力度深度，全力推动新时代丽江审计事业创新发展。

二、审计项目安排的主要原则

（一）坚持党中央对审计工作的集中统一领导。聚焦党中央大政方针和决策部署开展审计，把讲政治贯穿审计工作始终，坚持做到将审计工作全过程置于同级党委的全面领导之下，切实把忠诚拥护“两个确立”体现到审计具体工作和实际行动上。

…………

三、具体审计项目安排

（一）政策落实跟踪审计板块

1．全省重大政策措施落实情况跟踪审计

【审计目标和重点】以推动中央和省委、省政府重大决策部署贯彻落实为目标，重点关注乡村振兴、国资国企改革、粮食安全保障、地方政府债券资金管理使用、优化营商环境、减税降费政策落实等重大战略实施、重要改革深化、重大项目推进、重点资金保障、政策措施衔接等情况。

【组织方式】由市审计委员会秘书科牵头，按照省厅财政审计处制定的全省总体方案，组织全市审计机关共同实施。市审计局定期向市政府、省厅上报全市汇总报告。

【审计时间】2022 年 1 月至 11 月。

2．贯彻落实省委省政府丽江现场办公会重点项目推进情况跟踪审计

【审计目标和重点】围绕省委省政府丽江现场办公会明确的 32 个重点项目工作要求，密切关注重大战略实施、重大规划落地、重大项目推进、重点资金争取、政策措施配套衔接等重要事项，因地制宜开展审计。加大对省委省政府丽江现场办公会重点项目推进情况的宏观分析，揭示和反映政策、项目、资金推进落实不及时、不到位、效率低，措施办法不适应、不管用等情况和问题，分析原因，提出建议并督促整改，保障政令畅通。

【组织方式】由市审计委员会秘书科牵头，组织各科室实施，每季度结束后 10 日内向市政府报告审计情况。

【审计时间】2022 年 1 月至 12 月。

3．乡村振兴重点帮扶县相关政策落实和资金审计

【审计目标和重点】以促进惠农政策落实，巩固拓展脱贫攻坚成果同乡村振兴有效衔接，持续推动夯实脱贫基础为目标，重点关注政策衔接落地、脱贫群众持续稳定增收、帮扶资金资产管理使用绩效，以前年度审计查出问题整改等情况。

【组织方式】由农业科牵头，按照审计署工作方案，组织对国家级重点帮扶县宁蒗县开展审计。

【审计时间】2022 年 6 月至 8 月。2022 年 7 月底结束现场审计，8 月 17 日前向省厅农业农村审计处提交审计报告及相关材料。

…………

丽江市审计局（公章）
2023 年 8 月 31 日

> 前两个标题的内容为正文的引言部分，介绍了撰写此计划的背景、依据，并分条列出审计项目安排的原则，清晰明了。

> 第 3 个标题的内容为正文主体部分，详细说明了计划的目标、内容、形式、时间，并根据内容提出了具体要求，以望实施计划时能严格落实。语言简练、平实、易懂，便于操作实践。

> 落款处写明计划拟定单位的名称和日期，并加盖公章。

（资料来源：丽江市人民政府网）

点评

这份计划使用了完整式标题，标题由单位名称、完成时限、计划内容和文种4个部分构成。前两个标题下的内容是正文的引言部分，指明了制订计划的背景、依据和原则，提出了总体要求。其余部分是正文的主体。主体采用了分条列项的写法，条理清晰，重点突出。全文层次分明，主次有序，语言简练，通俗易懂，值得学习和借鉴。

【范文二】

再接再厉，做一名合格的财务人
——×××工作总结

> 标题采用双行式标题，正标题点明主旨，副标题说明撰写者和文种。

20××年将要过去，回顾近一年来的工作，感触良多，收获不小。近一年来，在行长的正确领导下，在各部门的全力支持下，我严格自律，踏实工作，热情服务，履职尽责，任劳任怨，锻炼了自己，提高了财务管理水平。当然，也存在些许不足，在此，对大家给予我的关爱和帮助表示衷心的感谢！下面就我近一年的工作情况进行简要的总结。

> 正文的前言部分交代基本情况，即总结的背景。

一、主要工作

本年度我将工作重点放在了财务服务规范上。我觉得只有搞好服务才能做好工作，只有坚持规范才能减少风险与差错。我以优质服务为先导，以规范制度为理念，立足做好常规工作，着眼推进重点工作，并取得了一定进展，收到了一定成效。

> 正文的主体部分分项总结自己在各方面取得的成绩，以及经验和体会，写法亲切。

工作方面：我踏实工作，履行职责，认真执行《中华人民共和国会计法》，规范记账凭证的编制，严格对原始凭证的合理性进行审核，强化会计档案的管理等；按规定时间完成每个季度单位存款账户的对账工作；按时完成市行布置的补发信用机构代码证的工作，及时申报各项税金；在各类年中审计、年终预审及财政税务检查中，积极配合相关人员工作。

学习方面：我虚心请教，不断加强业务学习，提高业务水平，提升思想境界，剖析自我，查找不足，摆正自身位置，寻求良好的工作方式，提高工作效率，探寻人性化的管理。在工作中学习，在总结中提高，在培养全面素质上下功夫，注重细节，养成良好习惯，做好工作。

思想方面：我积极上进，团结协作，充分发挥主观能动性和工作积极性，不断提高团队整体素质，营造和谐氛围，树立开拓创新、务实高效的形象；不断加强财务人员之间的相互学习、相互交流、互帮互助，打造和谐高效的工作团队，达到在工作中相互认同、相互理解、相互支持、共同提高的目的。

二、存在不足

1. 自身学习抓得不紧，理论学习不够认真，学得不深不透，忙于事务，创新不足。

2. 疲于应付日常事务，前瞻性、系统性研究较为欠缺。

3. 财务分析、预测水平有待提高，财务信息的决策能力有待增强。

4. 工作中有时缺乏耐心，有点急躁，有待以后加以克服。

三、下一步工作思路

新年意味着新起点、新气象，要有新的精神面貌和新的干劲，我决心再接再厉，与时俱进，继续搞好优质服务，努力坚持规范，着力推进创新，积极探索解决新形势下财务工作面临的新情况、新问题，理好财、服好务、办好事。积极主动出谋划策，精打细算，确保营运资金流转顺畅、确保投资效益、确保财务优化管理，把财务做精做细，搞好成本归集。

结尾呼应主题，列出自己要努力的方向，并表示努力的决心。

拓展财务管理与服务职能，实现财务管理“零”死角，挖掘财务活动的潜在价值，充分发挥支撑服务职能，合理有效配置有限资源，切实防范财务风险，最大限度降低成本，促进单位全面健康发展。在提高企业竞争力方面尽更大的义务与责任，不断鞭策自己，加强学习，以适应时代与企业的发展，和大家共同进步，与公司共同成长。

杨××

20××年12月27日

落款注明撰写者和成文日期。

（资料来源：百度文库，有改动）

点评

该总结采用了双行式标题。正文由前言、主体和结语组成。前言用于交代背景，总述基本情况；主体部分详细介绍了本年度自己所取得的成绩及总结的经验；文末结语提出了新的工作目标。整篇总结条理清晰，层次分明，表意明确。

病文会诊

计 划

在知识经济时代，社会日趋信息化，高科技产业迅猛发展，学习能力已成为社会、企业、单位和个人适应时代、把握变化的核心能力。只有不断学习、与时俱进、开拓创新，才能紧握成功的钥匙，掌握发展的主动权。搞好自身学习，要由外在的要求转化为内在的自觉，将学习变成自己的一种兴趣、一种习惯、一种精神需要、一种生活方式，在思想观念上实现根本转变，变职前学习为终身学习。

一、学习目的

在现代社会，学习不再是获取职业的一次性“敲门砖”，也不是仕途升迁的“加油

站”，而是陪伴终身的永久性动力源。正如某教授所说：“一辈子只在工作前接受教育的状态已经成为过去。教育已经不仅仅是个人为未来所做的准备，它贯穿于个人社会生活的始终。”通过持之以恒的学习，使自己变成党性意识强、立场坚定、政治理论水平较高、目光敏锐、充满活力、有工作能力及适应新时代、新形势的有为青年。

二、学习内容

计算机、外语和驾驶是现代社会每个人应掌握的基本技能。根据自己的实际情况，将今明两年的学习经费分别拟定为 3 000 元、6 000 元，主要用于学习计算机、英语口语，继续学习会计专业知识。计划通过两年的努力，分别拿到全国计算机等级二级、三级证书，提高英语听力和口语水平，取得××省高等教育自学考试本科文凭。此外，还要努力提高自己的政治理论水平和道德修养水平。

三、学习方法和具体安排

“应知学问难，在乎点滴勤”。这说明，学习必须增强自主性，养成持之以恒的良好习惯，不能仅仅满足于参加街道组织的集体学习，还要做到每天学习 2 小时，周末学习 3 小时，争取月月有进步。

（1）认真参加单位和上级部门组织的各项学习、交流、培训活动，每天阅读《人民日报》，每晚收看《新闻联播》节目，进而增强党性观念，关心国家大事。在日常工作中，不断加强政治学习，积极参加各部门组织的知识竞赛，在学习中提高，在竞赛中获益。

（2）2024 年 7 月至 9 月，每个星期六参加全国计算机等级考试培训班。同时，利用每天的业余时间自学会计本科阶段的课程。

（3）开阔眼界，广泛学习。订阅《南方周末》《扬子晚报》等，以关注政治、经济、文化、生活、体育等，做到国事、家事、天下事，事事关心。在优秀文章中吸取精华，逐步提高自己的文字功底，做到分析事物既有深度又有广度。

（4）2024 年 10 月至 2025 年 1 月，利用双休日和晚上的时间参加英语口语培训班，最终达到能与外国人进行交流的水平。

李××
2024 年 01 月 20 日

【会诊提示】

（1）标题结构不完整，缺少适用期限和计划内容。

（2）文中的“一、学习目的”的内容实际上属于前言部分，应与首段合并，同时删减说教成分，以使语言更加简洁、重点更加突出，同时应以“特制订本计划如下”引出下文。

（3）文题不符，条理不清。标题二“学习内容”应改为“学习目标”，标题下的内容应分条列出，以使其条理清晰。

（4）层次模糊，语言冗长。“三、学习方法和具体安排”应与上文的学习目标相呼应，相应的内容应有层次地依次列出，同时应删去关于任务意义的阐述。

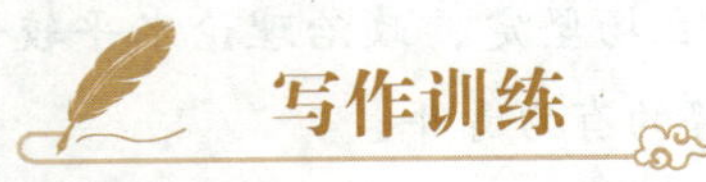

写作训练

请根据“职业场景”中的信息，拟写一份培训计划。

任务二　掌握条据、启事的写作方法

职业场景

刘向雨入职××服饰有限公司销售部的第一天，就被领导派去采购销售部的元旦晚会用品，各项费用合计 4 600 元。刘向雨拿着相关凭据来到公司财务部，要求报销这笔费用。她与财务部的同事发生了以下对话。

刘向雨：你好，我是销售部的刘向雨，王经理派我采购元旦晚会用品，共花费 4 600 元，我该如何走报销流程呢？

财务部同事：你好，报销需要提供发票、采购清单。同时，在我将报销款支付给你之后，你需要给我写一张条据，留作凭证。

刘向雨：好的，没问题，这是发票与采购清单。

请思考：在收到报销款后，刘向雨应该写哪种类型的条据？她应该在条据中说明哪些事项？

一、条据

（一）条据的概念

条据是指人们处理日常事务时使用的作为某种凭据的财经事务文书。在工作和生活中，人们在借到、领到、收到他人的钱物时，通常需要写一张字条交给对方作为凭据；或需要对某件事情做简单说明以求达到彼此沟通情况的目的时，也需要写一张字条留给对方。这些作为凭据、进行说明的字条就是条据。

（二）条据的特点

条据的内容单一，形式简单，具有一文一事、语言简明、时效性强等特点。条据用纸不宜过大，一般以 32 开或 64 开的纸张为宜。

（三）条据的种类

根据内容和性质的不同，条据可分为凭证式条据和说明式条据。

1. 凭证式条据

凭证式条据又称“单据”，是指在日常生活、工作中，人们借到、领到、收到或欠了他人、单位的钱财、物品时写给对方作为凭证的条据。凭证式条据的种类较多，应用范围较广，常用的凭证式条据有收条（收据）、借条、欠条和领条等。

2. 说明式条据

说明式条据又称“便条”，是指当人们临时需要告知他人某事而又不能面谈时，或是为某事办理手续时所写的条据。常用的说明式条据有请假条和留言条。

（四）条据的结构与写法

说明式条据的正文范例

1. 凭证式条据的结构与写法

凭证式条据一般由标题、正文和落款构成。

1）标题

凭证式条据通常以文种名称为标题，如“借条”“欠条”等。

2）正文

正文通常以“今借到”“今收到”“今领到”“今欠”等字眼开头，并应写明条据涉及的各方的名字或名称，涉及的钱财的金额或物品的数量、型号等。必要时，还应注明借（领、欠）钱物的原因、用途、归还时间等事项。各类凭证式条据正文的写作要点如下。

（1）借条：应写明出借人的姓名及必要信息，所借款项的金额或所借物品的品种、型号、式样、规格、数量等，以及归还日期。从单位借出钱物时还应写上用途。

（2）收条：应写明所收款项的金额或所收物品的种类、规格、数量和完好程度等，必要时还应标明原因或用途。

（3）领条：应写明从何处领到什么物品，并写清所领物品的品种、数量和型号等，必要时还应写清所领物品的具体用途。

（4）欠条：应写明所欠款项的金额或物品的数量、归还时间等，必要时还应写清归还方式和所欠原因等。

需要注意的是，借条与收条的文末应以“此据”收束，或另起一行空 2 个字书写“此据”“特此为据”等，以示条据具有凭证性。

3）落款

落款包括署名和日期。署名时应注意以下几点。

署名者为个人时，应在姓名前注明“借款人”“欠款人”“领取人”“代领人”等字样，并手写姓名。

署名者为团体或单位时，应由经手人签名并加盖公章，同时在姓名前注明“领取人”“代领人”等字样。

代领者除了要手写姓名，还应注明委托领取者的姓名。

2. 说明式条据的结构与写法

说明式条据一般由标题、称谓、正文和落款构成。

1）标题

标题可直接写为“请假条”“留言条”“托事条”等。

2）称谓

在条据首行顶格写上受文者称谓，可用敬语。

3）正文

正文应简明扼要地写出要说明的事情及其原因、经过等。各类说明式条据正文的写作要点如下。

（1）请假条：请假条应详细说明请假的原因和请假的起止时间。正文结束时应礼貌地写上“望予以批准”“恳请准假”等话语。

（2）留言条：留言中应简要说明自己的意图和需求，最好留下联系方式。尤其是在双方从未打过交道时，更应告诉对方自己的姓名、身份及联系方式，具体问题一般面谈。

（3）托事条：托事条中的用语要委婉、礼貌、得体，应详细说明所托之人、所托之事、具体要求及本人身份等。

另外，为表示礼貌，正文的文末可以附上祝颂语，如“祝安好”“特此感谢”“多保重”等。

4）落款

落款处应注明个人姓名或单位名称，并注明撰写条据的具体日期。

（五）撰写条据时的注意事项

（1）对外使用的条据，单位名称应写全称。

（2）条据若涉及款项的金额或物品的数量，则应使用大写数字（如壹、贰、叁等），数字前不可留有空白，数字后应写上计量单位（如元、个、架等），并写上“整”字。“整”字后面直接写或另起一行空 2 个字写“此据”二字，以防被他人篡改信息。

（3）若写错内容，则应重新写一张；如果不得不涂改，则涂改后必须在涂改处加盖印章或按手印。

（4）条据的语言应简练，语意应明确，不能产生歧义。

（5）条据应用钢笔或签字笔书写，不可用铅笔书写，以防他人篡改，以及避免久放后字迹变得模糊不清。

（6）条据的日期应明确具体，以免影响其作为凭证的效力。

课堂互动 在日常工作中，还有哪些情况需要撰写条据？

二、启事

（一）启事的概念

启事是指企事业单位、社会团体或个人需要将某个事项公之于众，或希望他人支持、协助办理某事时所使用的财经事务文书。

（二）启事的特点

1. 公开性

启事一般通过大众媒介（如报纸、新媒体等）公开发布，因此其内容是公开的，无私密性。

2. 广泛性

启事的内容非常广泛，可涉及财政、经济及日常生活等众多领域；启事的使用对象也较为广泛，既可以是企事业单位、社会团体，也可以是个人。

3. 非强制性

启事不具备强制性和约束力。读者有完全的自主权，可以自主选择是否参与启事告知的事项。

（三）启事的种类

启事可以分为以下 3 类：① 征召类，如招聘、征稿、征订和招生等方面的启事；② 声明类，如出租、开业、搬迁、庆典和成立等方面的启事；③ 寻找类，如寻物、寻人等方面的启事。

（四）启事的结构与写法

启事一般由标题、正文和落款构成。

1. 标题

标题应在正文上方居中书写，其结构形式有以下 3 种。

（1）告启者+事由+文种，如“××有限责任公司搬迁启事”。

（2）事由+文种，如“出租启事”“××××年校园招聘启事”。

（3）事由或文种名称，如“寻物”“启事”。

2. 正文

启事的正文在标题下方另起一行空 2 个字开始书写。正文一般应写清楚在什么时间、地点，要办什么事情，有哪些要求。因启事的种类不同，这部分的内容也各不相同。例如，招聘启事应写清楚招聘单位的性质，招聘的目的、对象、人数，招聘的条件、待遇、方式，报名的时间、地点，负责人及联系电话等内容；招领启事应写清楚所拾到物品的名称，拾到物品的时间、地点，以及失主应到何处去认领等，但切忌把所拾到物品的详细情况写出来，以免被他人冒领。

3．落款

单位发布的启事一般要署名。署名时应写明告启者的名称，一般还应附上地址、联系方式等，并注明告启日期。

（五）撰写启事时的注意事项

（1）启事应有醒目的标题，以便公众通过标题就能了解启事的主要内容与性质。

（2）一事一启，内容单一。一篇启事应只说明一个主旨，其内容应简明扼要，突出最需要说明的问题。

（3）通俗易懂，用语文明。写启事的目的是让人看到启事就明白有什么事、需要做什么和怎么做。因此，启事的语言一定要通俗易懂。此外，启事的措辞应文明，符合礼仪规范。

课堂互动

校园中常见的启事有哪些，分别属于哪一类？其结构与写法是否规范？请举例说明。

范文赏析

【范文一】

请假条

××销售部经理：

我父亲于20××年9月10日突然生病住院，且家中暂时无人陪护，我须抽出两天时间帮其办理相关住院手续，并将陪护相关事宜安排妥当。因此，我想于20××年9月11日至9月12日请假回家处理相关事务。恳请批准！

此致

敬礼！

宋明（签字）

20××年9月10日

标题写明文种。

开头顶格写明受文者称谓；接着，回行写明请假事由和请假的具体日期。

结尾写上礼貌用语“恳请批准”。

最后附上祝颂语。

落款处签上请假人姓名和写请假条的日期。

点评

该请假条正文写明了请假的原因和时间，语言简洁，态度恳切，用语礼貌，全文格式规范。

【范文二】

招领启事	批注
本写字楼工作人员于20××年7月1日下午在一楼大厅拾到手提包壹个，内装人民币数元，另有银行卡、信用卡等物，望失主持有效证件前来认领。 地点：××写字楼一楼前台 电话：138××××××××	标题写明事由和文种。 正文写明拾到物品的时间、地点，所拾物品的大致情况，以及认领物品的地点和联系电话。
××写字楼物业 20××年7月2日	落款处写明招领物品的单位和启事发布的日期。

点评

这篇招领启事清楚地写出工作人员什么时间拾到了什么物品，但不详细说明待认领之物的数量、具体特征等，能有效地避免他人冒领。

病文会诊

借　条

今借到公司设备管理部音响设备壹套（包括主机、功能机、音响、话筒），照相机，摄像机。20××年10月10日之前送还。

此据。

王××

【会诊提示】

（1）正文没有写明所借物品的数量，以及用途。

（2）落款处没有写明借物日期。

失物寻主

今天上午，我在公共汽车站台旁拾到一只红色皮质手提包，内有人民币现金200元、建行银行卡1张、工行银行卡1张、手机装饰挂件（熊猫）1个、《艺术欣赏》图书1本。希望失主看到启事后到建筑工地来认领。

王××

【会诊提示】

（1）该启事把手提包内的物品交代得过于具体，可能会给贪图便宜者架起冒领的便桥。

（2）认领地点写得过于模糊，且无联系方式，不便于失主前来认领物品。

（3）落款处未写明发布启事的日期。

写作训练

请根据下列材料，分别拟写一篇条据和启事。

材料一：20××年12月27日早上，销售部员工李然的母亲不小心摔伤了胳膊，他需要向部门领导请假两天，以在医院照顾母亲。请你代李然写一张请假条，并列出撰写请假条的注意事项。

材料二：××快递郑州分公司办公室因业务发展需要，现需招聘文员1名。具体招聘要求如下：年龄在25～30岁之间，男女不限，会计及相关专业本科毕业，具有2年以上工作经验（工作经验丰富者可适当放宽学历及专业要求），文字表达能力及沟通能力良好，薪资待遇面谈。

一、不定项选择题

1．计划的特点有（　　）。

A．指标性、预见性、规范性

B．目标性、预见性、可行性

C．指标性、可见性、虚拟性

D．目标性、可见性、虚拟性

2．下列有关计划分类的说法，错误的是（　　）。

A．按照性质划分，可分为综合性计划和专题性计划

B．按照内容划分，可分为工作计划、年度计划、科研计划、教学计划等

C．按照时间划分，可分为年度计划、季度计划、月计划、周计划等

D．按照范围划分，可分为行业计划、单位计划、部门计划、个人计划等

3．按照表达方式的不同，计划可分为（　　）。

A．条文式计划　　B．表格式计划

C．图片式计划　　D．文表结合式计划

4．下列有关计划的写作注意事项的说法，错误的是（　　）。

A．从实际出发，统筹兼顾　　B．重点突出，主次分明

C．目标明确，步骤具体　　D．理想远大，超越实际

5．总结的特点有（　　）。

A．自身性　　B．指导性

C．理论性　　D．客观性

6．下列有关总结的写作注意事项的说法，错误的是（　　）。

A．要用实事求是的态度来写

B．要有参考性和指导性

C．内容与阅读对象无关

D．要用第一人称来写

7．条据的特点是（　　）。

A．一文一事　　B．语言简明

C．细致周到　　D．时效性强

8．下列选项中，关于说明式条据结构的说法，正确的是（　　）。

A．说明式条据一般由标题、分类、正文和落款构成

B．说明式条据一般由标题、分析、正文和落款构成

C．说明式条据一般由标题、原因、正文和落款构成

D．说明式条据一般由标题、称谓、正文和落款构成

9．启事的特点有（　　）。

A．公开性　　B．随机性

C．广泛性　　D．非强制性

10．下列选项中，属于征召类启事的是（　　）。

A．招聘、征稿、征订、招生等启事

B．寻物和寻人等启事

C．出租、开业、搬迁、庆典和成立等启事

D．搬迁、成立、征稿和招聘等启事

二、简答题

1．简述财经事务文书的写作要求。

2．简述计划的结构与写法。

3．简述撰写条据时的注意事项。

4．简述撰写启事时的注意事项。

项目评价

全班同学每 5 人一组，结合写作训练与项目自测的完成情况，按照表 2-1 的评价标准，对本项目的学习情况进行自评和互评，并请老师进行总体评价。

表 2-1　考核评价表

考核内容	评价标准	分值	评价得分		
			自评	互评	师评
知识与技能考核（60%）	能够复述财经事务文书的概念和作用	5			
	能够简述财经事务文书的写作要求	5			
	能够复述计划、总结、条据、启事的概念，并能举例说明它们各自的种类	15			
	掌握计划、总结、条据、启事的结构与写法	20			
	明确计划、总结、条据、启事的写作注意事项	15			
过程与方法考核（20%）	课前主动预习，积极搜集各类财经事务文书范文	5			
	认真分析所搜集到的财经事务文书范文的作用、结构和语言特点	5			
	积极参与课堂讨论，并与同学交流自己的观点	5			
	认真完成课后作业，注重写作体验，善于通过模仿提高写作水平	5			
综合素养考核（20%）	会欣赏蕴藏于财经应用文中的美，增强文化自信	5			
	严格遵守职业道德	5			
	定期撰写计划和总结	5			
	提升对信息的洞察力和判断力，增强思辨能力	5			
总评	自评（20%）+互评（20%）+师评（60%）=	教师（签名）：			

项目三

毛遂自荐，礼貌辞别
——财经求职文书

素养目标

（1）树立脚踏实地、求真务实的工作作风。

（2）练就胜不骄、败不馁的高尚品质。

知识目标

（1）了解财经求职文书的概念和写作要求。

（2）了解求职信、辞职信、推荐信的概念、结构与写法。

能力目标

能够按照写作要求独立撰写求职信、辞职信和推荐信。

财经求职文书概览

一、财经求职文书的概念

财经求职文书是指财经院校毕业生或财经领域待业人员、在职人员谋求新工作时使用的文书，如求职信、辞职信等。财经求职文书可以有效地提高求职者的核心竞争力，增加其获得心仪工作的机会。

二、财经求职文书的写作要求

（一）目标明确

财经求职文书需要针对特定的招聘单位和职位进行撰写。在撰写之前，求职者需要仔细研究目标单位和职位的相关情况，如了解企业文化和职位的招聘要求，然后根据这些信息撰写财经求职文书，着重展示自己与此职位要求相适应的能力与经验。

（二）客观真实

财经求职文书的内容应真实可信，不得有虚假信息或夸大自己的能力。同时，其需要以事实为基础，客观地展示自身能力和工作经历。具体来说，在撰写财经求职文书时，求职者应避免添加过多的主观评价，而应通过真实、具体的事例和数据展示自身能力和成果，从而让招聘单位感受到求职者的真诚和可信。

（三）表述清晰

在撰写财经求职文书时，求职者必须确保清晰表述自己的能力和优势。这就要求财经求职文书的语言要简洁、明了、准确和有条理，避免使用冗长或复杂的句子，以免让招聘者感到困惑或失去读下去的兴趣。

（四）强调亮点

财经求职文书应体现出自身的闪光点和优势，以便让招聘者对自己产生兴趣。这要求求职者在文中突出自己的专业技能、工作经验与获得的成果，以及在自我介绍中强调自己与应聘职位相对应的个性特征、职业素养和自身潜力等。

任务一　掌握求职信、辞职信的写作方法

职业场景

高楠在招聘网站上浏览招聘信息，一看到与自己的专业基本对口或待遇不错的职位，他就立刻发送求职信。发送之前，他还会将求职信中的招聘单位名称和所申请的职位名称修改一下，以示区别。然而，求职信均石沉大海。高楠感到非常困惑，便向就业指导老师求助。老师听后提醒他，要想成功获得招聘单位的关注，就要针对职位要求撰写求职信，而不能盲目。

请思考：求职信有哪些作用？怎样写好一封求职信？

一、求职信

（一）求职信的概念和作用

求职信是指求职者为找到心仪的工作而撰写的自我介绍。求职信的主要作用是使招聘单位对求职者有初步的了解并对其产生兴趣，以推动招聘单位给予求职者面试的机会。

（二）求职信的种类

求职信可分为两类：一类是非定向求职信，又称“自荐信”，即求职者不知晓工作单位是否有用人需求而直接投递的求职信；另一类是定向求职信，又称“应聘书”，即求职者根据招聘单位的要求投递的求职信。相比较而言，定向求职信在求职活动中更实用，更具优势。

求职信与简历的区别

（三）求职信的结构与写法

求职信一般由标题、称谓、正文、祝福语、落款和附件构成。

1．标题

标题可直接使用文种名称“求职信”，以体现此信的性质和行文目的。

2．称谓

求职信的称谓要礼貌周全，可以写招聘单位的全称，也可以写招聘单位人力资源部门或其具体负责人的职务。

3．正文

正文通常由导语、主体和结尾构成。

1）导语

导语应开门见山，内容包括问候语、个人简介及求职意图。

（1）问候语：简单问候“您好”，以示礼貌即可，不要拖泥带水。

（2）个人简介：简单介绍个人信息，包括自己的姓名、年龄、毕业学校、学历、专业等。

（3）求职意图：说明获取招聘信息的渠道和想要应聘的职位。

2）主体

主体部分应重点介绍求职者与招聘职位对口或相关的专业背景和工作经历；紧扣招聘要求的核心，突出专业优势，如所学的专业课程及成绩、所获得的专业技能证书、所取得的专业竞赛成绩等。初次求职的应届毕业生应突出自己的实习经历，展示自己的工作能力。这一部分内容应尽量用具体事例和数据进行说明，以增强说服力。

此外，主体部分还应适当表述求职者的职业素养和特长，如在各种工作中表现出来的组织能力、人际交往能力和语言表达能力等，以及求职者与所应聘职位的任职要求相关的特长。这一部分内容是前一部分主体内容的延伸和补充，能够让招聘单位更加全面地了解求职者的工作潜力。

3）结尾

结尾要表明求职者能够胜任该工作的信心，恳请招聘单位给予面试机会和工作机会。

4．祝福语

文末应写上祝福语以示礼貌，如“此致 敬礼”“谨祝公司蓬勃发展”等。

5．落款

落款处应写明求职者的姓名和成文日期。姓名前不必加谦语；成文日期应年、月、日俱全。

6．附件

附件是指能够证明求职者的个人成绩、荣誉的材料，如学历证书、资格证书、荣誉证书和发表的论文等。这些材料不在于多，而在于精，数量以能够引起招聘单位的注意为宜。

（四）撰写求职信时的注意事项

（1）称呼得当。求职信中的称谓应使用具体的称呼，且尽量写给负责招聘事宜的人。如果无法确定招聘者的具体名字或姓氏，则可称呼其为“尊敬的招聘经理”“尊敬的人力资源部主管”，或直接称“尊敬的先生/女士”。

（2）内容简练。求职信应力求语言简洁、语意清楚、主题突出，避免空泛啰唆和拖沓冗长，篇幅最好控制在 1 页以内。

（3）实事求是。诚实是招聘单位对员工最基本的要求。因此，求职信切忌弄虚作假，应恰如其分地介绍自己，并根据应聘职位来突出相应的内容。

（4）用语规范。一般来说，招聘单位希望通过求职信了解求职者的求职态度、与岗位相符的职业素养和文字表达能力。因此，求职信中切勿出现错别字、病句和文理不通等现象，否则会给招聘单位留下缺乏诚意和缺少职业素养的不良印象。

（5）自成一体。求职信往往与简历一同发送至招聘单位。需要注意的是，求职信不要成为简历的翻版。简历中已经列出的具体内容尽量不要在求职信中重复出现，如确有必要，则求职者可以挑选简历中与所应聘职位相关的实践经验或成绩来写。

课堂互动

有人说，撰写求职信时要谦虚谨慎，不要“王婆卖瓜，自卖自夸”；也有人说，撰写求职信时就应该“自卖自夸”，不能过于谦逊。你如何看待这两种观点？请与同学展开讨论。

二、辞职信

（一）辞职信的概念

辞职信，也称“辞职书”“辞呈”，是指辞职者向工作单位申请辞去职务时撰写的财经应用文书。它是辞职者在辞去职务时的一种必要材料。

（二）辞职信的结构与写法

辞职信通常由标题、称谓、正文、结语和落款构成。

1．标题

标题即“辞职信”“辞职申请书”，写在辞职信第一行的正中间。

2．称谓

在标题下方第一行顶格写明接收辞职信的单位名称或其领导人的职务，并在称谓后加上冒号。

3．正文

正文是辞职信的主要部分，应写明辞职的原因，如个人发展、工作环境、薪酬福利、家庭情况等。同时，正文还应写明具体的离职时间。

4．结语

结尾应写上表示敬意和感谢的话，如“此致　敬礼”等，表达自己对公司和同事的感激之情。

5．落款

落款应写明辞职者的姓名及递交辞职信的具体日期。

（三）撰写辞职信时的注意事项

（1）标题明确。辞职信的标题一定要明确，通常以“辞职信”“辞职申请书”为标题，以示尊敬和正式。

（2）言辞恳切。辞职信的语言应诚恳、真实，措辞要恰当，避免使用过于直接或激烈的语句。

（3）保持礼貌。在撰写辞职信时，辞职者应始终保持礼貌和尊重的态度，切勿在辞职信中宣泄个人的不满情绪，如指责同事、抨击公司制度等。同时，辞职者应在辞职信的结尾对企业或团队表示祝福。

范文赏析

【范文一】

求职信

××公司人事处主管：

您好！

我叫张××，女，28 岁，是一名渴望施展自身才华的在职人员。我从××财经政法大学金融管理系毕业后，进入石家庄市××银行当了一名普通柜员。几年来，在非所学（专长）的岗位上已经耽误了许多宝贵时光，这对社会、对个人无疑都是损失，所以本人渴望寻觅一个能发挥自己专长的地方。

现将本人情况简单介绍如下：财务分析是我的特长，能够准确地处理和分析大量的财务数据。我擅长使用 Excel 等电子表格软件，能够快速且准确地进行数据录入、计算和分析。通过运用合理的函数关系式，我能够将繁杂的数据转化为直观的图表和报告，为企业决策提供可靠依据。同时，财务工作中的风险控制和内部控制是我的另一个特长，我熟悉企业内部控制制度，能够发现潜在的风险点并制订相应的预防和控制措施。我注重细节，能够及时发现和纠正财务数据的错误和偏差，确保财务数据的准确性和可靠性。我还能够评估企业的财务风险，提出相应的风险管理策略，保护企业的利益。

鉴于以上情况，我觉得自己更适合担任贵公司财务部主管助理一职。

尊敬的人事处主管，如果您能让我担任财务部助理工作，我一定会珍惜这来之不易的工作，竭尽全力地奉献自己的力量。

此致

敬礼！

求职者：张××

××××年×月××日

标题写明文种。

开头明确了求职信的阅读对象。

正文开篇问候对方后，简要地介绍了自己的基本信息和求职意向，然后从本人特长、实践经历等方面介绍了自己的基本情况，并将自己的情况与工作岗位进行匹配。

结尾用具有感染力的语言再次表达强烈的求职愿望。

文末附上祝颂语。

落款处写明求职者姓名和日期。

联系地址：××路××街道196号 邮政编码：×××××× 联系电话：××××××××××× 附件：1. 本人简历及近照一张 　　　2. 各科成绩登记表 　　　3. 推荐信一封	文后注明联系地址和电话，方便招聘单位与求职者联系。 最后附上正文提及的或能为求职者加分的各种材料。

（资料来源：百度文库，有改动）

点评

这是一封符合格式规范和写作要求的求职信。求职信介绍了求职者的基本情况、求职意愿及其能够胜任某项工作的理由。最后以“此致　敬礼”结尾，向对方表达了敬意。全文语言简洁，重点突出。

【范文二】

辞职信 尊敬的行长： 　　您好！	标题写明文种。 开头明确信件的阅读对象。
首先感谢您在百忙之中抽出时间阅读我的辞职信。 　　我是怀着十分复杂的心情写下这封辞职信的。自从我进入银行工作，您和同事们给予了我无微不至的关怀，并在工作上给予我悉心的指导，让我快速熟悉了工作业务，并提升了工作技能。通过这些年在银行的工作，我学到了很多金融领域的知识，积累了一定的经验。对此，我深表感激。 　　由于自身能力的不足，近期的工作让我觉得力不从心。为此，我进行了长时间的考虑，觉得行里目前的工作安排和我自己之前做的职业规划并不完全一致，而且自己对一些新的领域也缺乏学习的兴趣和动力。为了避免行里的工作安排和发展因为我个人能力问题而受到影响，经过深思熟虑后，我决定辞去这份工作。我知道这个过程暂时会给行里带来一些不便，对此我深表歉意。 　　非常感谢行里的领导与同事多年来对我的关心和教导。在银行的这段经历于我而言非常珍贵，将来无论什么时候，我都会为自己曾经是××银行的一员而感到荣幸。我确信在××银行的这段工作经历将是我整个职业生涯发展中相当重要的一部分。	正文开篇问候对方后，简要地说明自己写信的目的；然后简要回顾入职以来的经历，并对领导表示感谢；接着阐明了提出辞职的理由，并再次表达歉意；最后肯定这段职业经历在自己人生中的价值。
祝行里所有领导和同事身体健康、工作顺利！再次对我的离职给行里带来的不便表示歉意。 　　此致 敬礼！	文末表达对领导和同事的祝福，再次表达歉意，并恳请领导批准自己的请求。
岳×× ××××年××月××日	落款处写明辞职者姓名和撰写日期。

（资料来源：百度文库，有改动）

病文会诊

求职信

敬爱的王××总经理：

您好！

我是××大学××系的应届毕业生。得知贵公司一贯重用人才，所以盼望到贵公司工作。

虽然我毕业于全国一流高校，同时是一名获得全额奖学金的高才生，但是我还有许多不足之处。例如，知识面不广，社交能力不强，处理事情不果断，常有一些不切实际的想法，内心常有自卑感等。今后，我将努力克服这些缺点，发挥自身优势。恳求贵公司聘用我，我一定不负厚望，把本职工作做好，让公司得到益处。

现已有多家公司要聘用我，所以请贵公司从速答复。

祝贵公司事业蒸蒸日上！

李××

××××年××月××日

【会诊提示】

（1）全文未表明求职意向。

（2）文中用语过于谦虚，有贬低自己的意思；缺少展示自我亮点的内容，达不到自我推荐的目的。

（3）文末告知招聘单位“已有多家公司要聘用我”，并催促招聘单位“从速答复”，这种话语极其不妥，不仅暴露了求职者的求职意向不专一，而且显示了求职者缺乏基本的礼仪素养、无诚意。

（4）文末没有写明联系方式，招聘单位无法与求职者联系。

辞职信

尊敬的领导：

你好！

我现在正式向你提出辞职。这几年，公司效益不好，福利差，人心涣散，一盘散沙，眼看着在走下坡路。留在这里没有发展前途，我要另谋高就。

你也不用挽留我，我离职的决心很坚定。我将于10月1日不再到公司上班。

赵××

【会诊提示】

（1）正文措辞过于尖刻，有斥责、嘲笑、挖苦的意味。

（2）文末缺少表示敬意和感谢的话，如“此致　敬礼”等。

（3）落款处没有写明递交辞职信的日期。

写作训练

请根据下列材料，拟写一封求职信。

周阳是××职业技术学院市场营销专业的毕业生。在校期间，他主要学习了市场营销的理论知识和实践操作等。周阳勤奋好学，每门课程都取得了优异的成绩。因表现突出，周阳被学院评为“三好学生”，并获得国家励志奖学金。在计算机方面，他掌握了办公自动化系统的应用，能够熟练使用 Word、Excel、PowerPoint 等软件。在英语方面，他不仅具备一定的听、说、读、写能力，还能够熟练运用国际贸易相关的商务英语。在性格方面，他开朗、外向，并且有良好的人际交往能力和语言表达能力。周阳意在找一份与自己专业相关的工作。

任务二　掌握推荐信的写作方法

职业场景

小程要参加公司的内部竞聘，为此，他想让部门领导刘总为他写一封推荐信，以支持他申请目标职位。于是，小程给刘总发了一则信息，内容如下。

刘总，您好！我想参与公司的内部竞聘，希望您能为我写一封推荐信。我深感荣幸能有机会在您的领导下工作，并且对您给予我工作的支持和指导充满感激。在我认识的人中，没有人比您更适合为我写一封推荐信。您作为我的上级，不仅了解我的工作能力和潜能，还能够准确把握我的个人特质。我确信，您的推荐信将为我的竞聘带来极大的帮助。在这封推荐信中，我希望您能强调我的优点和成绩，以及我与所申请职位的要求相匹配的特点。

此外，我还希望您能在推荐信中提及我在团队合作、沟通交流及解决问题等方面的优势。这些特质对于任何职位来说都是非常重要的，我相信我可以很好地适应新的工作环境和挑战。

再次感谢您的支持和关心。如果您需要更多的信息或需要与我进一步讨论，请随时与我联系。

请思考：若刘总答应了帮小程写推荐信，那么信中应提及小程的哪些优势？刘总应让小程提供哪些相关材料呢？

一、推荐信的概念

推荐信是指由相关人士基于对被推荐者的了解和观察，对其能力、潜力和素养等进行客观评价和介绍的财经应用文书。推荐信通常用于求职、学术研究、商业合作等场合，以增强被推荐者的可信度和竞争力。

二、推荐信的结构与写法

推荐信一般由标题、称谓、正文、落款和附件构成。

（一）标题

标题一般使用文种名称，即在页面第一行正中间写上“推荐信”3个字。

（二）称谓

称谓即在标题下方第一行顶格写上收信方领导的姓名和职务或只写对方领导的职务，如“尊敬的刘佳局长”“敬爱的杨教授”等。

若推荐人与收件方是朋友关系，称谓则可以使用私人信件中的称呼，如“李兄”等。

（三）正文

正文由开头、主体和结尾构成。

1. 开头

推荐信的开头既可先问候对方，略叙思念之情，也可以开门见山、直说其事。开头采用哪种方式撰写，是由推荐人与收件方的关系远近程度决定的。若推荐人与收件方的关系亲密、经常见面，那么其撰写推荐信时就无需过多的客套话。若推荐人与收件方日常并无太多的联系，那么其撰写推荐信时就需要在开头先介绍自己，说明自己与被推荐者的关系，以及为何写这封推荐信。

2. 主体

主体是推荐信的展开部分，要针对现实需要，介绍被推荐者的基本情况，如学历、学位、专业特长、外语水平、业务能力及其他能力，以使收件方能够通过推荐信对被推荐者产生好感，从而达到推荐人才的目的。

3. 结尾

结尾应再次表达自己希望能推荐成功的愿望，恳请收件方给予被推荐者工作或晋升

机会，并向收件方致以感激祝福之情。

（四）落款

落款处应写明推荐人的身份、职务和联系方式，以及撰写推荐信的日期，以便收件方回复结果。

（五）附件

附件是指能证明被推荐者个人成绩、荣誉的材料，这些材料应具有较强的代表性。

三、撰写推荐信时的注意事项

（1）注重真实性和客观性。推荐信的内容应基于推荐人的真实观察和了解，而不是虚构的。同时，推荐人应保持客观的态度，不能夸大被推荐者的优点。唯有如此，才能有效地提高推荐成功的概率。

（2）简明扼要的语言表达。推荐信应使用简洁、易懂的语言表述推荐的缘由，避免使用复杂的或难以理解的术语。

（3）选用的事例和数据应典型、有代表性。另外，推荐信的附件不用过多，具备说服性即可。

范文赏析

推荐信	
尊敬的杨经理： 您好，许久未见，一切可好？ 我写这封信是想向您推荐一位非常优秀的候选人，他拥有卓越的能力和丰富的经验，我相信他将是贵公司这个职位的理想人选。	标题写明文种。 在标题下方第一行顶格写上收件方的称谓。 正文开篇问候收件方后，简要说明写此信的目的，然后从能力、优势、经验等方面详细地介绍被推荐者。
被推荐者名叫齐超，曾在我们公司任项目经理。在过去几年的工作中，他表现出色，成功地实施了多个重要项目，并且在团队管理和协调方面积累了丰富的经验。他具备出色的领导能力和团队协作能力，能够有效地推动团队成员共同完成项目。 齐超还具有非常强的沟通能力和人际交往能力。他能够与不同背景的人进行有效沟通，并建立良好的人际关系。他还具备良好的谈判技巧和解决问题的能力，能够在困难的情况下保持冷静并找到有效的解决方案。	
此外，齐超对工作充满热情，追求卓越，并具备高度的责任感和自我驱动力。他能够快速适应新环境和新挑战，并不断学习和追求进步。他还拥有良好的商业洞察力和战略思维能力，能够从全局的角度出发思考问题，为公司创造更大的价值。	结尾用具有感染力的语言再次表达希望能推荐成功的愿望。

我相信齐超将能够很好地匹配贵公司的这个职位，能够为贵公司带来更多的价值。如果您需要更多关于齐超的信息，请随时与我联系。

推荐人：许永乐
联系方式：××××××××××××
××××年××月××日

文后写明推荐人与其联系方式，以及写推荐信的日期。

点评

这是一封结构合理、主题突出的推荐信。正文清晰地表述了被推荐者与该职位相匹配的能力与优势。全文语言简明，格式规范。

病文会诊

推荐信

尊敬的招聘方：

我谨以此信向您推荐一位优秀的求职者，他名叫王林，他正在寻求贵公司的财务职位。我和他非常熟悉，关系很亲密。在过去的工作中，我不仅了解他的职业能力和工作表现，也深入了解他的潜力和个人品质。虽然王林在工作中有点粗心，但他的工作态度是非常好的，能及时发现错误并改正错误。因此，我深信他将是这个职位的理想人选。

如果您需要更多的信息或需要与我进一步讨论，请随时与我联系。

推荐人：周伟
××××年×月××日

【会诊提示】

（1）称谓未顶格撰写。
（2）正文主体应尽量避免讲述被推荐者的缺点，应列举具体事例说明其能力及优点。
（3）落款处未写明推荐人的职务和联系方式，不便招聘方联系。

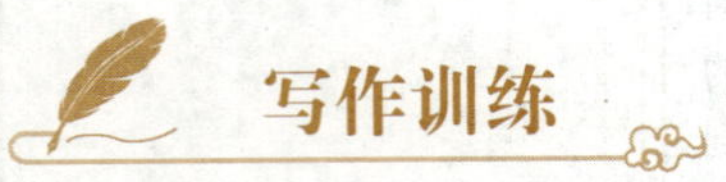

写作训练

请根据“职业场景”中的信息，拟写一封推荐信。

项目自测

一、不定项选择题

1. 求职信的正文通常由（　　）构成。

A. 导语　　B. 主体

C. 结尾　　D. 祝福语

2. 下列有关求职信写作注意事项的说法，正确的是（　　）。

A. 称呼得当、内容简练、实事求是、用语规范和自成一体

B. 称呼得当、内容简练、适当夸大、用语规范和自成一体

C. 称呼得当、内容全面、实事求是、用语规范和自成一体

D. 称呼得当、内容简练、实事求是、用语华丽和自成一体

3. 在撰写求职信时，应（　　）。

A. 简洁明了，突出自己的特点和优势

B. 多放一些自己的照片和签名，以增加真实感

C. 根据招聘单位的要求有针对性地撰写

D. 避免使用缩略语，以显示自己的专业素养

4. 辞职信中，不应出现的内容有（　　）。

A. 对部门领导的意见　　B. 感谢公司的语句

C. 自己的工作成果　　D. 公司没有发展前景

5. 撰写推荐信时，落款处应写明（　　）。

A. 推荐人的身份　　B. 推荐人的职务

C. 被推荐者的姓名　　D. 推荐人的联系方式

6. 下列有关推荐信的说法中，错误的是（　　）。

A. 推荐信应采用正式的商业信函格式来撰写

B. 推荐信应突出被推荐者的优点和成就

C. 推荐信应对被推荐者进行客观、全面地评价

D. 推荐信应包含对被推荐者的负面评价

二、简答题

1. 简述财经求职文书的写作要求。
2. 简述求职信的结构与写法。
3. 简述撰写辞职信时的注意事项。
4. 简述推荐信的结构与写法。

项目评价

全班同学每 5 人一组，结合写作训练与项目自测的完成情况，按照表 3-1 的评价标准，对本项目的学习情况进行自评和互评，并请老师进行总体评价。

表 3-1　考核评价表

考核内容	评价标准	分值	评价得分		
			自评	互评	师评
知识与技能考核（60%）	能够复述财经求职文书的概念	5			
	能够简述掌握财经求职文书的写作要求	5			
	能够区分求职信、辞职信和推荐信的结构与写法	15			
	明确求职信、辞职信和推荐信的写作注意事项	15			
	能够独立完成求职信、辞职信和推荐信的写作	20			
过程与方法考核（20%）	课前主动预习，积极搜集各类财经求职文书范文	5			
	认真分析所搜集的财经求职文书范文的结构和语言特点	5			
	积极参与课堂讨论，并与同学交流自己的观点	5			
	认真完成课后作业，注重写作体验，善于通过模仿提高写作水平	5			
综合素养考核（20%）	拥有虚心好学的品质	5			
	会欣赏蕴藏于财经应用文中的美，增强文化自信	5			
	拥有严谨、求实的学习态度	5			
	提升对信息的洞察力和判断力，增强思辨能力	5			
总评	自评（20%）+互评（20%）+师评（60%）=	教师（签名）：			

项目四

以礼相待，德才兼备
——财经社交文书

素养目标

（1）树立礼仪意识，弘扬传统美德，自觉提升礼仪素养。

（2）培养良好的语言组织和语言表达能力。

知识目标

（1）了解财经社交文书的概念、种类和写作要求。

（2）了解请柬、邀请函、介绍信、证明信的概念。

（3）熟悉介绍信和证明信的种类。

（4）掌握请柬、邀请函、介绍信、证明信的结构与写法。

能力目标

（1）能够规范撰写财经社交文书。

（2）能够在财经活动中灵活运用财经社交文书。

财经社交文书概览

一、财经社交文书的概念

财经社交文书是指企事业单位或个人在财经社交活动中说明相关事宜，以及表达恭敬之情或礼貌之意的文书。

财经社交文书的规范撰写和恰当运用，有助于企事业单位或个人之间传播信息、增进了解、沟通情感，美化组织或个人形象，从而产生良好的社会效益和经济效益。

二、财经社交文书的种类

财经社交文书大致可分为以下两类：第一类是事务性文书，多用于解决事务性的问题，包括请柬、邀请函、介绍信、证明信等；第二类是礼仪性文书，是人们在财经活动中用书面形式表达恭敬之情、礼貌之意的各种社交文书的总称，包括祝词、贺词、迎送词、慰问信和感谢信等。本项目主要介绍事务性文书。

三、财经社交文书的写作要求

财经社交文书的撰写除了应遵循写作的一般要求（如主题明确、材料确凿、结构合理、表达明晰、语言生动等），还要把握社交文书的特有要求，具体包括以下 3 个方面。

（一）以诚相见，感情真挚

无论是从交际目的来说，还是从交际情景来说，真诚都是财经社交文书的首要因素。

以诚待人是一切社交之本。撰写者面对交际对象提笔行文时，只有尊敬对方、态度真诚、言辞恳切、言由衷发，才能以真诚打动人、以热诚感染人，进而收到“精诚所至，金石为开”之效。

（二）风格庄重，文笔典雅

庄重、典雅是指文风端庄、严肃，郑重得体、不轻浮；文辞优美而不粗俗、语言简洁而不繁缛。

要想达到风格庄重，文笔典雅的境界，撰写者就要根据社交的内容和目的，以及交际对象的层次（如职位层次、文化层次、年龄层次等），选用精辟的文言词语、贴切的交

际词语与得体的祝福语。

（三）格式正确，写作规范

各类财经社交文书都有其固定的格式和写作规范，其既有法定的，也有约定俗成的。撰写者遵循财经社交文书相应的写作格式和写作规范，既有利于收件方阅读和领会文书的内容，避免造成收件方在理解上的困惑，也有助于发挥各类财经社交文书的功能。

任务一　掌握请柬、邀请函的写作方法

职业场景

小陈所在的××科技贸易公司计划举办一次客户答谢活动。活动定于 20××年 1 月 20 日在今日大酒店举行，公司总经理将出席此次活动并发表讲话，届时会介绍公司的研发计划和产品营销计划。小陈负责联系参加此次活动的客户。

请思考：小陈应该给客户发送请柬还是邀请函？请柬与邀请函有哪些区别？

一、请柬

（一）请柬的概念

请柬也称“请帖”，是企事业单位、社会团体或个人在约请客人参加某项活动时使用的财经社交文书。

请柬是财经工作中传递感情、通报礼仪性活动的一种便捷的联络工具。可以说，请柬是“礼貌的通知书”，通知对方在什么时间、什么地点参加什么活动。有时，请柬也作为活动入场的凭证。

（二）请柬的结构与写法

请柬一般由标题、称谓、正文、结尾和落款构成。

1. 标题

标题可使用文种名称，即用醒目的字体在封面或第一行居中写（印）上“请柬”或“请帖”二字，必要时还可以写上活动名称。标题还要做些艺术加工，如图案装饰、字体美化等。

2. 称谓

称谓是在标题下方一行或内页第一行顶格处写明被邀请的单位名称或个人姓名。

3. 正文

正文中应写明邀请的事由，交代清楚活动的内容、时间和地点。

4. 结尾

结尾即在正文后空 2 个字或另起一行顶格写上表示敬意和邀请的话语，如“敬请光临”“恭候光临”等。

5. 落款

落款即在正文右侧下方写上邀请单位的名称（加盖公章）或个人姓名，有时还可加上“谨启”“鞠躬”等敬语，最后在上述内容下方写明成文日期。

（三）撰写请柬时的注意事项

（1）交代要清楚。请柬务必写清楚活动的时间、地点及有关事项，并确保被邀请者的姓名、头衔准确无误。

（2）措辞须讲究。请柬的用语要简明通达、热情文雅，应突出“请”意，避免使用“务必”“必须”等强制性词语。

（3）制作宜精美。请柬的装帧应尽可能美观、大方，以示对被邀请者的尊重。

（4）使用场合应恰当。通常而言，较为隆重的或礼仪性、例行性、娱乐性较强的活动多使用请柬；若邀请他人参与的活动内容单一，也宜用请柬。

二、邀请函

（一）邀请函的概念

邀请函也称“邀请信”，是企事业单位、社会团体或个人在邀请有关人员参加各种实质性工作、纪念活动或重要会议时的专用财经社交文书。

（二）邀请函的结构与写法

邀请函的种类

邀请函一般由标题、称谓、正文和落款构成。

1. 标题

邀请函通常直接以文种名称为标题，即“邀请函”。

2. 称谓

称谓即在标题下方一行左侧顶格写上被邀请单位或人员的名称，并在后面加上冒号，如“尊敬的×××先生/女士：”“尊敬的××董事长（总经理）：”等。

3. 正文

正文部分要交代清楚会议或活动举办的时间、地点、目的，被邀请者参与活动的方式及其需要配合的事项。正文的结语一般使用“恳请光临”“敬请莅临指导”等语句，必要时应附上会议或活动联系人的姓名、联系方式等信息。

4. 落款

落款即在正文下方一行右侧写明发文单位名称和成文日期，并加盖公章。

（三）撰写邀请函时的注意事项

（1）语言真挚、诚恳。邀请函用语应得体、委婉、礼貌，语气诚恳。

（2）内容准确、清楚。邀请函要写明会议或活动的时间、地点、参与者、参与事项和缘由等要素。另外，邀请函的撰写和发出也应与活动的举办保持适当的时间间隔，以便被邀请者有足够的时间做准备。

（3）明确适用场合。学术研讨会、纪念会、订货会等场合多使用邀请函。另外，受邀参与的活动内容较为复杂或需要向被邀请者说明有关问题时，则宜用邀请函。

课堂互动

邀请函的撰写除了应符合格式要求与语言要求，还应体现谦逊恭敬的情感态度和高雅得体的传统礼仪。请与同学讨论以下话题。

（1）如何用谦恭有礼的话语表达“希望你们一定来参加会议”的意愿？

（2）除了文中提及的礼仪用语，还有哪些常用的礼仪用语？请举例说明。

范文赏析

【范文一】

<table>
<tr>
<td>

请　柬

尊敬的张勇先生：

感谢您多年来对本公司热忱的关心与支持。现本公司因发展需要，已迁至经济开发区祥云路 15 号，诚挚地邀请您在 20××年 3 月 20 日上午 10 时来参观本公司新址，并赴今朝大酒店多功能大厅参加本公司的庆典午宴。

恭候

光临！

环宇商贸有限公司董事长刘庆宇　敬邀（印章）

20××年 3 月 1 日

</td>
<td>

标题写明文种。

开头明确邀请对象。

正文开篇先回顾过往、感谢对方，然后向对方发出邀请，并写明活动的举办时间和地点。

文末附上祝福语。

落款处写明请柬发出者的姓名和日期。

</td>
</tr>
</table>

点评

这是一则公司新址参观及午宴请柬。请柬正文写明了邀请的事由、公司新址的具体位置和参观时间，以及庆典午宴的地点。全文语言简练，措辞讲究，要点突出。

【范文二】

邀请函	
尊敬的刘斌先生： 　　您好！ 　　兹定于20××年12月27日（星期五）14时30分，在大清华酒楼举行×××品牌战略研讨会。本次会议主要研讨以下内容：①×××品牌定位与目标市场；②×××品牌标识；③×××品牌产品与服务定位；④×××品牌形象与价值观；⑤×××品牌营销策略与渠道；⑥×××品牌传播与推广；⑦×××品牌保护与法律事务。 　　诚邀您莅临！谢谢！ 　　此致 敬礼 　　地址：××市高新区××路12号 　　联系人：郭× 　　联系电话：150××××9840 ×××集团 20××年12月10日	标题写明文种。 开头明确邀请对象。 正文开篇先问候对方，然后写明研讨会的举办时间和地点，并列明本次研讨会的主要内容。 文末附上祝福语，以及地址、联系人和联系电话。 落款处写明邀请者名称和日期。

点评

这是一则品牌战略研讨会邀请函。正文中写明了研讨会举办的时间、地点和研讨会的内容，结尾写了邀请惯用语。全文语言简练，信息准确，情感真挚。

病文会诊

经管学院庆祝会请柬

兹定于20××年5月30日上午10时于学校文礼堂举办经管学院成立15周年庆祝大会。请务必准时参加。

恭请

光临！

经管学院学生处（公章）

（附座位号××××××）

【会诊提示】

（1）开头未写明被邀请的单位或个人，即缺乏明确的邀请对象。

（2）内容表述不恰当，如“请务必准时参加”有祈使的语气和强制的意味。这种话语不适合用于请柬。

（3）落款处未写明成文日期。

邀请函

××职业学校××班全体同学：

为慰问因病住院的××班李××老师，兹定于20××年×月×日下午×时×分，在学校××楼前集合，集体前往中心医院探望。务必准时到场集合，不见不散。

××职业学校学生会

20××年××月××日

【会诊提示】

（1）文种选用不当，看望老师属于日常事项，而不是纪念性活动或重大会议，不必发邀请函。

（2）内容表述不当，如“务必准时到场集合，不见不散”。邀请函的结束语应为礼貌性祝福语，而非命令式话语。

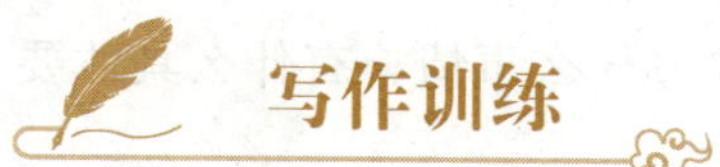

写作训练

请你根据下列资料，以金阳光集团董事会秘书的身份，拟写一份文书，邀请市政府有关领导和合作伙伴出席庆典大会。

金阳光集团定于20××年11月12日上午10时举办集团成立20周年庆典暨新一届董事会就职典礼，地点在广州会展中心1号馆。此次庆典活动以“为社会创造价值”为主题，回顾金阳光集团20年风雨历程，展现其20年辉煌业绩。集团届时将邀请市政府有关领导和合作伙伴鑫荣有限公司、宏达有限公司和恒昌有限公司的代表出席庆典大会。

任务二 掌握介绍信、证明信的写作方法

职业场景

宋嘉欣是××有限公司人力资源部员工。近日，宋嘉欣需要去市人力资源和社会保障局办理相关业务，恳请公司总经理帮她写了一封介绍信，具体如下。

××市人力资源和社会保障局：

王萌的档案属于贵单位管理，现因本公司招聘王萌到本公司任职，签订正式劳动合同 2 年，从 20××年 3 月 1 日起生效，在此期间，本公司员工宋嘉欣将负责管理该员工的档案，及与档案有关的各项事宜。特此申请批准提档。

此致

敬礼！

××有限公司（盖章）

20××年 2 月 26 日

请思考： 通常在哪些情况下需要撰写介绍信？上述介绍信的结构和格式是否规范？

一、介绍信

（一）介绍信的概念

介绍信是指企事业单位派本单位人员前往有关部门商洽事宜、联系工作、参观学习或出席会议时所使用的财经社交文书。介绍信具有介绍和证明的双重作用。持信者可凭介绍信与有关单位或个人联系、商洽某些事项，并得到对方的信任和支持；收信单位或个人则可从信中了解被介绍者的姓名、身份、职位，以及要办什么事情、有什么具体要求和希望等。

（二）介绍信的种类

通常，介绍信可以分为手写式介绍信和印刷式介绍信两类。

1. 手写式介绍信

手写式介绍信是一种较为常见的介绍信，一般书写在公文信纸或企事业单位自制的信纸上，最后加盖公章即可。

2. 印刷式介绍信

印刷式介绍信是一种正式的介绍信，其内容、格式均固定，使用者只需填写姓名、单位、事项，并加盖公章即可。印刷式介绍信又可细分为以下两种。

（1）带存根的介绍信（见图 4-1）。其通常一式两联，存根联由开具介绍信的一方留档备查，正式联由被介绍者随身携带。这也是使用较多的一种介绍信。

（2）不带存根的介绍信。其与带存根的介绍信在正文的内容、格式上没有差别，也是随用随填，只是未留存根而已。

介绍信存根	介绍信
介字第　　号	介字第　　号
前往单位：＿＿＿＿	＿＿＿＿负责同志：
姓名＿＿＿＿等＿＿人	兹介绍＿＿＿＿＿＿等＿＿人前往你处洽谈
前往事由：＿＿＿＿	＿＿＿＿＿＿等事项。请予以接洽，并请支持
＿＿＿＿＿＿	协助为荷。
＿＿＿＿＿＿	此致
	敬礼！
经办人：	（盖章处）
开具日期：　　年　月　日	年　　月　　日
有效期至：　　年　月　日	（有效期至　　年　　月　　日止）

（骑缝处：介字第（骑缝处）号）

图 4-1 带存根的介绍信

（三）介绍信的结构与写法

介绍信（手写式）通常由标题、称谓、正文、结尾、落款和有效时间构成。

1. 标题

标题可使用文种名称，即在页面第一行居中写上“介绍信”3 个字，字距要适度，字体要比正文稍大些。

2. 称谓

称谓即在标题下方第一行顶格写上对方单位名称或对方单位负责人的姓名及职位，并在后面加上冒号，如“尊敬的刘科长：”。

3. 正文

介绍信的开头惯用“兹”“今”“现”等字。正文主要说明被介绍者的姓名、身份、人数，以及要接洽的事项和要求。若要办理重要事项或具有保密性质的事项，则介绍信还要写明被介绍者的政治面貌、年龄、职务和级别等信息。此外，当被介绍者的人数较多时，介绍信不必将其姓名一一写出，可写成“×××等×（数字应使用大写数字）人”。

4. 结尾

结尾应写上“请予接洽为荷”“请予以协助”等语句，然后另起一行写上“此致 敬礼”等表示敬意或祝愿的话。

5. 落款

落款处应写清楚介绍单位名称和成文日期，并加盖公章。

6. 有效时间

介绍信的有效时间应在落款下方一行左侧顶格加括号注明，且天数应使用大写数字。

（四）撰写介绍信时的注意事项

（1）介绍信要写明被介绍者的真实姓名和身份，以免冒名顶替。

（2）一封介绍信只能用于一个单位，不可将盖有公章的空白介绍信发给被介绍者自行填写。

（3）接洽和联系的事项要写得简明扼要，尽可能地用一句话概括，不写与此无关的内容。

（4）字迹要工整清晰，不得任意涂改。介绍信若有涂改，则涂改处必须加盖公章。

二、证明信

（一）证明信的概念

证明信又称“证明”，是企事业单位、社会团体、个人用来证明有关人员的身份、经历、表现、学历或其他事件的真实性的专用财经社交文书。证明信对了解或考察有关人员或事件的真实情况有着重要的证明作用或参考作用。

（二）证明信的种类

根据证明事项的不同，证明信可分为身份证明信、毕业证明信、事件真相证明信等。每种证明信又可分为组织证明信、个人证明信与随身携带证明信3类。

证明信

1．组织证明信

组织证明信是指以组织名义撰写的，用来证明在本单位（公司）或曾在本单位（公司）工作的员工的政治面貌、身世、经历、学历和工作表现等有关情况或与本单位（公司）有关的其他事项的证明信。

2．个人证明信

个人证明信是指以个人名义撰写的，用来证明某人或某事真实情况的证明信。

3．随身携带证明信

随身携带证明信是指由被证明者随身携带，以保证其工作、生活、学习和出行等正常进行的证明信。这种证明信具有证件作用，一般有一定的有效期，过期即自动失效。

（三）证明信的结构与写法

证明信通常由标题、称谓、正文、结尾和落款构成。

1．标题

标题可分为以下两种形式：① 在页面第一行居中写上“证明信”“证明”等字样作为标题；② 由事由和文种组成的标题，如“关于张路同志政治面貌的证明”等。

2．称谓

称谓即在标题下方一行顶格写上收信单位名称或收信人的姓名，并在后面加上冒号。若没有明确的收信方，则称谓可以省略。

3. 正文

正文即在称谓下方一行空 2 个字简明扼要地写清楚要证明的事项，包括被证明者的姓名、身份和经历，或事情的起因、经过和真实的情况等。正文的用词要准确，内容要有针对性，不要写与主题无关的内容。

4. 结尾

结尾应另起一行空 2 个字写上“特此证明”或“此致 敬礼”等语句。

5. 落款

落款即在正文右侧下方写上出示证明的单位名称和个人姓名，署名下方写明成文日期，并加盖公章。有时，证明信还需在落款左侧下方一行顶格加小括号注明证明信的有效期。

（四）撰写证明信时的注意事项

（1）证明信的语言应简明、准确，讲究分寸。

（2）证明信不得随意涂改。证明信若有涂改，则应在涂改处加盖公章。

（3）证明信要做到言之有据、实事求是，不得虚构、夸张或故意隐瞒。撰写者若对事实把握不准，则应在证明信中写上“仅供参考”字样。

课堂互动　介绍信与证明信有哪些区别？

范文赏析

【范文一】

<table>
<tr><td>

介绍信

××金融公司：

　　兹介绍我校杨××、刘×等伍位同学前往贵公司实习。请予接洽为荷。

　　此致

敬礼！

广东××××大学（公章）
××××年×月××日

（有效期叁天）

</td><td>

标题写明文种。

开头明确对方单位名称。

正文单刀直入地说明被介绍者的基本信息及要接洽的事情。

文末附上祝福语。

落款处写明介绍者和成文日期。

最后使用大写数字顶格注明有效期。

</td></tr>
</table>

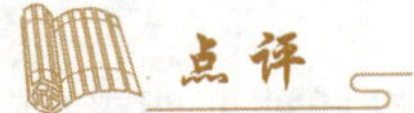

点评

这是一封格式标准的介绍信。介绍信正文以惯用字“兹”字开头，说明了被介绍者的姓名、身份、人数及要接洽的事情和要求，事项表述简明扼要。

【范文二】

证明信	
××局人事科： 王××原为我校经管系××级学生，曾担任学生会主席职务。在校期间，该生遵守学校各项规章制度，没有参与任何不利于安定团结的活动。 特此证明！ 经管系主任××（签字） 20××年9月10日	标题写明文种。 开头顶格写明受文者称谓，接着另起一行写明需要证明的事项。 结尾处写上“特此证明”。 落款处写明证明者姓名和日期。

点评

该证明信实事求是地说明了王××的身份及在校情况，态度恳切，用语礼貌，全文格式规范。

病文会诊

介绍信

××市人力资源和社会保障局：

我司介绍王××、易××作为我司指定社保经办人，前往贵处办理并领取××市民卡事务，请给予协助和支持。

此致

敬礼！

（有效期10天）

××××有限责任公司（公章）

20××年8月12日

【会诊提示】

（1）正文开头未使用“兹”“现”“今”等惯用语。

（2）有效期格式错误，应在落款日期的下一行顶格处撰写，同时有效期天数应使用大写数字。

实习证明

兹有经济管理系市场营销专业学生杨琪（学号为××××××），自20××年6月20日至20××年9月20日在我公司市场部实习，岗位是前期调研。

该学生家住农村，父母在家务农。由于家乡地处经济欠发达地区，所以家庭收入微薄，大学期间的高额学费和生活费使得经济困难的家庭雪上加霜。而且，其父母身体不好，更需要一笔大额的医疗费。因此，该学生在暑假期间来到我公司实习。在实习期间，该学生工作认真、态度端正，在遇到不能解决的问题时，能虚心地向有经验的员工请教，并善于思考总结，进而做到举一反三；对于他人提出的工作建议，能够虚心接受；对于上级交代的任务，能够保质保量地完成，将自己所学的知识灵活运用到工作中。同时，该学生能够严格遵守我公司的各项规章制度，在实习期间服从公司安排，尊敬公司的员工，并能与同事和睦相处。与该学生一起工作的员工都对其表现予以肯定。

广东××大学（公章）

20××年9月20日

【会诊提示】

（1）开头未写明证明信的受文者，根据上下文可知，受文者为实习学生所在学校。

（2）正文用一定的篇幅阐述了与证明事项无关的内容，即实习学生的家庭经济状况。

（3）结尾处未写“特此证明”或“此致 敬礼”等惯用结束语。

（4）落款单位错误，应为实习单位名称。

写作训练

请根据下列材料，拟写一封证明信。

姚凯是××外贸公司业务员，工作了3年，小有成就。由于住所离公司较远，为解决每日舟车劳顿之苦，他决定买一辆汽车代步。

他来到一家汽车4S店，选中了一辆价格为20万元的汽车。在确定支付方式时，4S店的销售顾问表示可以为其提供银行贷款。姚凯大喜，遂向其询问如何办理贷款手续。销售顾问表示，除需要个人相关证件外，还需要单位开具收入证明。

项目自测

一、不定项选择题

1. 财经社交文书的规范撰写和恰当运用，有助于企事业单位或个人之间（　　）。

A. 增进了解　　B. 传播信息

C. 美化组织　　D. 美化个人形象

2. 下列有关请柬写作注意事项的说法，错误的是（　　）。

A. 交代要清楚　　B. 措辞须讲究

C. 写在 A4 纸上　　D. 制作宜精美

3. 下列有关邀请函的说法，错误的是（　　）。

A. 邀请函用语要得体、委婉、礼貌，语气诚恳

B. 邀请函用语要大气、抒情、语气夸张

C. 邀请函要提前发出，使被邀请者有足够的时间做准备

D. 邀请函要写清楚会议或活动的时间、地点、参与者、参与事项、缘由等要素

4. 下列有关介绍信的说法，错误的是（　　）。

A. 介绍信可以写上“仅供参考”的字样

B. 介绍信可分为手写式介绍信和印刷式介绍信

C. 介绍信通常由标题、称谓、正文、结尾和落款构成

D. 一封介绍信只能用于一个单位

5. 证明不同事项的证明信又可分为（　　）。

A. 组织证明信、单人证明信与随身携带证明信

B. 组织证明信、个人证明信与随身携带证明信

C. 组织证明信、集体证明信与随身携带证明信

D. 组织证明信、多人证明信与随身携带证明信

二、简答题

1. 简述财经社交文书的写作要求。
2. 简述请柬的结构与写法。
3. 简述撰写邀请函时的注意事项。
4. 简述撰写证明信时的注意事项。

项目评价

全班同学每 5 人一组，结合写作训练与项目自测的完成情况，按照表 4-1 的评价标准，对本项目的学习情况进行自评和互评，并请老师进行总体评价。

表 4-1　考核评价表

考核内容	评价标准	分值	评价得分		
			自评	互评	师评
知识与技能考核（60%）	能够复述财经社交文书的概念和种类	5			
	能够简述财经社交文书的写作要求	5			
	能够复述请柬、邀请函、介绍信和证明信的概念，并能举例说明它们各自的作用	15			
	掌握请柬、邀请函、介绍信和证明信的结构与写法	20			
	明确请柬、邀请函、介绍信和证明信的写作注意事项	15			
过程与方法考核（20%）	课前主动预习，积极搜集各类财经社交文书范文	5			
	认真分析所搜集的财经社交文书范文的作用、结构和语言特点	5			
	积极参与课堂讨论，并与同学交流自己的观点	5			
	认真完成课后训练，善于通过模仿提高写作水平	5			
综合素养考核（20%）	会欣赏蕴藏于财经应用文中的美，增强文化自信	5			
	具备良好的沟通能力	5			
	遵循社交礼仪规范，尊重不同文化背景的人	5			
	提升对信息的洞察力和判断力，增强思辨能力	5			
总评	自评（20%）+互评（20%）+师评（60%）=	教师（签名）：			

项目 五

以笔为戎，叱咤商海
——财经宣传文书

素养目标

（1）具备敏锐的感知力、严谨的逻辑思维能力、广阔的知识面。

（2）感受语言的深厚底蕴，领略中国语言文化的独特魅力。

知识目标

（1）了解财经宣传文书的概念、作用和写作要求。

（2）熟悉经济消息、产品说明书、产品广告文案、营销策划书的基础知识。

（3）掌握经济消息、产品说明书、产品广告文案、营销策划书的结构与写法。

能力目标

能够规范撰写各类财经宣传文书。

财经宣传文书概览

一、财经宣传文书的概念

财经宣传文书是指传播财政与经济信息，或对企业的品牌、产品及其经营管理等进行说明和讲解的文书，如经济消息、产品说明书、产品广告文案和营销策划书等。

二、财经宣传文书的作用

（一）传递财经信息

财经宣传文书是传递财经信息的重要工具。通过财经宣传文书，企业可以向外界传递关于企业的财务状况、市场策略、经营业绩等信息，帮助投资者、合作伙伴和用户更好地了解企业的相关情况，从而为企业的发展提供更多的机会。

（二）促进经贸交流

财经宣传文书在经贸活动中发挥着重要的作用。其不仅是企业之间交流和合作的重要载体，还是促进贸易往来的桥梁。通过财经宣传文书，企业可以展示自己的优势，吸引合作伙伴与客户的关注，进一步强化双方的合作交流。

（三）树立企业良好形象

财经宣传文书对于企业树立良好形象有着重要意义。其不仅向社会公众传递了企业产品的特色，还展示了企业文化及其发展战略等。通过财经宣传文书，企业可以扩大影响力，提升品牌价值和知名度，增强社会公众对自身的信任程度。

三、财经宣传文书的写作要求

（一）清晰准确

财经宣传文书应准确地传递企业信息和产品信息，避免使用模糊不清的语言。具体来说，财经宣传文书应使用简洁明了的语言表达中心思想，确保读者能够快速理解文书的主题和内容。同时，财经宣传文书中使用的专业术语和行业数据应准确无误，以避免产生歧义或误导读者。

（二）客观中立

财经宣传文书应保持客观中立的态度，要避免过度渲染或言过其实。也就是说，财经宣传文书的写作应不依赖于人的主观意识，只表述事物的实际情况，以确保文书中信息的可信度。

（三）简明扼要

财经宣传文书的表述应简明扼要，避免使用冗长、空泛的句子。在撰写财经宣传文书时，撰写者应舍弃无关紧要的材料，而使用浅显易懂的文字，抓住重点和关键信息进行表述。

（四）引人入胜

财经宣传文书要能引起读者的阅读兴趣。为此，撰写者可以使用具有吸引力的标题或导语来吸引读者的注意。同时，财经宣传文书可使用生动、形象的描述和典型的例子来增强文书的可读性。此外，合理使用图表等也可以提高财经宣传文书的视觉效果和吸引力。

任务一　掌握经济消息的写作方法

职业场景

小杜大学毕业后，应聘到一家财经媒体做财经记者，负责提炼行业热点、策划财经选题，并独立撰写经济消息，从而为读者提供准确、丰富、及时的经济信息。

请思考：经济消息有哪些特点？小杜在撰写经济消息时需要注意哪些事项？

一、经济消息的概念和特点

消息是指以简明的文字，迅速、及时地传播新近发生的、有社会意义并引起公众兴趣的客观事实。经济消息是指对当前经济领域中出现的，具有一定经济价值或一定影响力的事实所做的简要的报道。经济消息具有以下 3 个特点。

（一）真实性

真实是经济消息的灵魂与生命。经济消息力求按照事物的本来面目，实事求是地进行叙述，不允许夸张和虚构。同时，经济消息靠事实材料说服受众。如果缺乏具体的事

实，光有议论，经济消息就会变得空洞。

（二）时效性

经济消息的显著特点是快，也就是说，其能够将最新发生的经济事实尽快报道出去，且事实发生与公开发布之间的时间差越短越好。若经济消息传递不及时，就会失去它应有的价值和效应。

（三）简明性

经济消息的篇幅短小精悍，力求使用尽量少的文字传递尽可能多的信息。这既符合经济消息讲究时效的特点，也便于受众快速接收信息。

二、经济消息的种类

（一）动态类经济消息

动态类经济消息是指准确、迅速地报道新近发生的或正在发生的经济领域的重大事件、新闻事实的消息类型。动态类经济消息一般是以人或事为对象，通常只报道事情的结果，不交代事情的过程和背景，也可以没有导语。动态类经济消息篇幅短小，简洁明了，时效性强。

（二）综合类经济消息

综合类经济消息是指围绕经济主题，综合反映某一地区、某一系统、某一企业带有全局性的新情况、新成就、新问题、新动向的消息类型。综合类经济消息报道面广，声势较大，点面结合，概括性强，其内容常为一地多事或多地一事。这就要求撰写者要在全面占有材料的基础上进行撰写，内容中既要有全局性的材料，又要有典型性的材料。

（三）经验类经济消息

经验类经济消息是指反映地区、单位或个人在经济领域的典型经验和成功做法，以便为他人改进工作方法、提高工作效率提供借鉴的消息类型。经验类经济消息一般包括具体的做法、典型的事例、明确的观点，有较强的针对性和指导性。在撰写这类消息时，撰写者既要提出问题，又要讲清楚解决问题的办法，并在此基础上总结出具有指导性的经验。

（四）述评类经济消息

述评类经济消息是指运用夹叙夹议、边述边评的写作方式，对经济形势、经济事态或经济问题进行叙述、分析和评议，以揭示其价值和意义的消息类型。这类消息的撰写依据是事实，着眼点是评论。因此，述评类经济消息中有关事实的叙述要简明扼要，评论则要言简意赅、一针见血。

三、经济消息的结构与写法

经济消息一般由标题和正文构成。

（一）标题

经济消息的标题主要有以下 3 种写法。

1. 单行标题

单行标题以叙事为主，且要点明中心思想，使人一看标题就知道这则经济消息讲什么，如“××××年民营企业 500 强入围门槛为××亿元”“××有限公司设立‘金融日’”。

2. 双行标题

双行标题又称“复式标题”，一般有“引题+主标题”“主标题+副标题”两种形式。引题常用以交代背景、烘托气氛、揭示意义等；主标题常用于概括经济消息的主要内容和思想；副标题常用以补充交代事实或问题，说明主题的来源和依据，补充主题的不足。以下两个标题分别为“引题+主标题”形式的标题示例，以及“主标题+副标题”形式的标题示例。

国民经济持续恢复向好

10 月社会消费品零售总额增长 7.6%

锻造中国黄金通道

——京沪大动脉经济效益探析

3. 3 行标题

3 行标题由“引题+主标题+副标题”构成。通常情况下，这 3 个组成部分分别以不同的字体或字号标识。其中，字号最大、最为醒目的为主标题。例如：

我国企业技改工作进入新时期

国债技改项目成就显著

近 3 年共安排国债专项资金 255.4 亿元，技改项目 880 项

（二）正文

正文一般由导语、主体和结尾构成。

1. 导语

导语是一则经济消息的先导，应用最简洁的文字，写出经济消息中最新鲜、最重要的事实，或依托新闻事实进行精辟议论，也可提示主旨、制造悬念，以唤起读者的阅读

兴趣。按照表现手法的不同，导语可分为叙述型导语、描写型导语和议论型导语。

无论哪一种类型的导语，都需要符合以下基本要求：首先，出语不凡，巧于开篇，突出经济消息中最有价值的要素；其次，突出最新的内容和最新的时间要素；最后，叙事要清晰、简练、生动。

2. 主体

主体用于对导语中概括的事实做详细的解释和说明。

常见的主体结构形式有两种：一是纵向结构，即按照事件发展的时间顺序来安排材料，其特点是可以反映经济事件发展变化的大体经过，让读者了解前因后果；二是横向结构，即按照内容的内在联系或逻辑关系来安排材料，其特点是不受事件发展时间顺序的限制，可以较为自由地取舍材料。

3. 结尾

经济消息的结尾一般较为简短。结尾通常有以下 4 种形式：一是自然式结尾，即随着主体结束自然结束全文；二是概括式结尾，即概括主体内容；三是议论式结尾，即借用他人之口进行评价、解释、说明或展望；四是背景式结尾，即以介绍相关背景材料的方式结尾。

四、撰写经济消息时的注意事项

（1）信息一定要准确。在撰写经济消息时，撰写者应确保其中的数据、事实和理论均是准确无误的。经济消息如果涉及专业术语或特定行业的惯用语言，撰写者应进行充分的查证和核实，避免使用模糊词汇或误用专业术语。

以“绘画”意识撰写经济信息

（2）保持客观的态度。经济消息中不得出现带有个人感情色彩的表述，也不能以任何方式表述个人观点或立场。

范文赏析

10 月份制造业采购经理指数为 49.5%

国家统计局 10 月 31 日发布 20××年 10 月中国采购经理指数运行情况。数据显示，10 月份，制造业采购经理指数（PMI）为 49.5%，比上月下降 0.7 个百分点，降至收缩区间，制造业景气水平有所回落。

从企业规模看，大型企业 PMI 为 50.7%，比上月下降 0.9 个百分点，继续高于临界点；中、小型企业 PMI 分别为 48.7%和 47.9%，比上月下降 0.9 和 0.1 个百分点，低于临界点。

标题为单行标题。

导语简单明了，概括了宏观经济运行情况。

从分类指数看，在构成制造业 PMI 的 5 个分类指数中，生产指数和供应商配送时间指数高于临界点，新订单指数、原材料库存指数和从业人员指数低于临界点。 生产指数为 50.9%，比上月下降 1.8 个百分点，仍高于临界点，表明制造业生产仍在扩张，但步伐有所放缓。 新订单指数为 49.5%，比上月下降 1.0 个百分点，表明制造业市场需求有所下降。 …………	主体部分对导语介绍的情况做出详细的解释、说明。

（资料来源：国家统计局）

点评

这是一则经济消息。标题采用单行标题的形式，正文写明了经济事件的具体情况。全文语言简练，措辞讲究，要点突出。

病文会诊

减量包装 循环利用 倡导低碳生活

今年年终消费旺季，绿色节能产品受到了消费者的青睐。电商平台数据显示，绿色智能家电成为消费者的首选，许多家电商品及超过 50 个品类的家居商品参与以旧换新服务，以旧换新订单量环比增长 141%。但是，我司发售的绿色节能产品销量却不高。希望有关部门可以协助宣传销量较低的产品。

【会诊提示】

（1）标题与正文内容不符。

（2）文中不能出现主观评价。

写作训练

请浏览相关经济类网站，根据获取的相关资料，自拟标题，撰写一则经济消息。

任务二　掌握产品说明书、产品广告文案、营销策划书的写作方法

职业场景

产品广告策划专员的工作内容通常包括以下几个方面。

（1）研究市场趋势和竞争对手：了解目标市场的需求和消费者行为，以及竞争对手的产品特点和市场策略，为撰写有竞争力的产品广告文案提供参考。

（2）撰写产品广告文案：根据产品特点和市场需求，撰写具有吸引力和说服力的产品广告文案，包括产品描述、卖点展示和使用场景呈现等。

（3）创意设计：根据产品特点和市场趋势，提出新颖、有吸引力的产品广告方案。

（4）互联网营销：在互联网平台上发布产品广告文案，并与用户互动，提高产品的知名度和曝光率。

（5）协助销售团队：与销售团队密切配合，帮助销售团队更好地推广产品。

（6）数据分析与优化：通过数据分析工具，评估产品广告文案的效果，及时调整和优化产品广告文案。

请思考：你认为产品广告文案应包括哪些内容？如何撰写产品广告文案，才能提高产品销售的成功率？

一、产品说明书

（一）产品说明书的概念

产品说明书又称“商品说明书”“使用指南”“用户手册”等，是指以说明为主要表达方式，介绍产品的特点、性能、用途、使用及维修方法、注意事项等知识的财经宣传文书。产品说明书一般由生产者负责编写，并印成单页、装订成册（见图5-1）或印在产品包装上（见图5-2），随产品一同发出。

（二）产品说明书的特点

1. 说明性

产品说明书以陈述为主要表达方式，一般较少运用议论和抒情。产品说明书常运用列数据、做比较和下定义等说明方法，客观真实地介绍产品，使目标受众认识产品、了

解产品，从而购买产品，以及正确使用和维修产品。

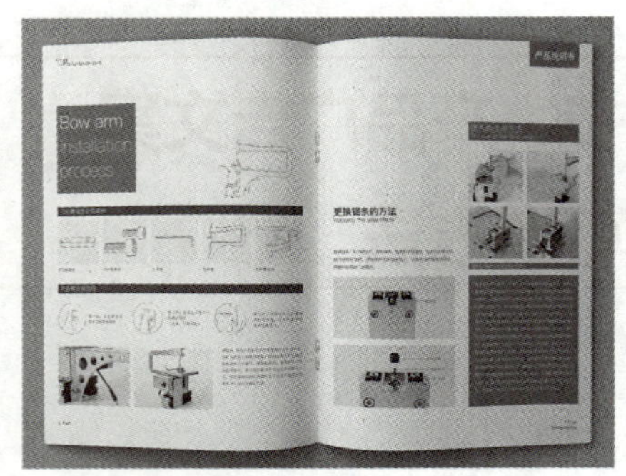

图 5-1　装订成册的产品说明书

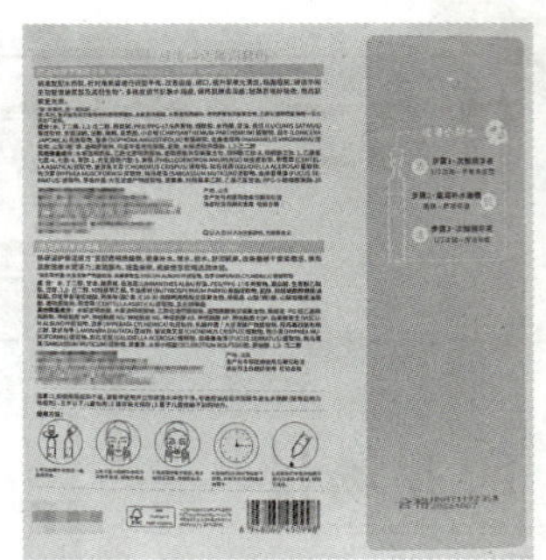

图 5-2　印在产品包装上的产品说明书

2．实用性

产品说明书是生产者向用户介绍产品的特点、性能、用途、使用及维修方法的说明文书。用户对照产品说明书，就能学会使用和维修产品，所以产品说明书具有较强的实用性。

3．条理性

产品说明书会根据人们认识事物的规律或使用产品的程序等，依次说明产品的性质、特点、构造、用途、使用方法、注意事项等，整体条理清晰，使用户能够循序渐进地了解并掌握相关知识。

4．通俗性

由于用户的文化层次差异较大，所以产品说明书多使用浅显的语言进行解释，必要时还会用图文对照的方式说明操作的步骤和方法。

（三）产品说明书的作用

随着科学技术的进步，新产品、新技术、新工艺层出不穷，产品说明书的作用也越来越突出。它不仅与产品的生产、销售息息相关，而且与人们的日常生活关系密切。

1．说明指导作用

产品说明书能够对产品进行客观的介绍、科学的说明，使用户了解并掌握产品特性，确保用户正确、安全地使用产品。

2．广告宣传作用

在介绍产品特色之余，不少产品说明书采用生动活泼的表现形式，来丰富产品说明书的内容。这在宣传产品的同时，也起到了推销产品的作用。

3．普及知识作用

产品说明书除了指导用户如何使用产品，还会根据需要，普及与产品相关的科学技术知识，以传播科学思想，弘扬科学精神。

（四）产品说明书的结构与写法

产品说明书一般由标题、正文和落款构成。

1. 标题

产品说明书常用的标题形式主要有以下 3 种：一是直接以文种名称作为标题，如“产品说明书”“使用说明书”“使用指南”等；二是以产品名称作为标题，如“三九胃泰”“紫光扫描仪”等；三是以产品名称和文种作为标题，如“×××口服液产品说明书”等。

2. 正文

正文是产品说明书的核心部分，一般包括以下 5 个方面的内容。

（1）产品基本信息。这部分内容包括产品的名称、规格、成分、型号、产地、性能、用途、特点等。那些关系到人们生命财产安全的产品，如医药用品、农药、杀虫剂、有危险的化工制品、热水器、燃气灶具等，应当详细说明产品基本信息。

（2）产品制作相关信息。这部分内容包括产品的设计目的、制作工艺、结构原理、技术规范、技术参数、适用范围和适用对象等。

（3）产品使用信息。这部分内容常以文字或以文字配图表的形式，说明产品的部件名称、操作方法和使用注意事项。对用法、用量、储存条件、使用禁忌、有效期等有特殊要求的产品，如婴儿食品、药品、保健品、化妆品等，应当详细说明上述内容。

（4）产品保养与维修提示。这部分内容常以文字或以文字配图表的形式，说明产品的保养知识、一般故障排除方法、维修方法和保修期。

（5）产品安装方法。这部分内容常以文字或以文字配图表的形式，说明产品安装的步骤、方法和操作技巧。

上述内容不需要面面俱到，可根据说明目的、产品性能和用户需要有所侧重地选择几项进行说明。产品说明书一般使用条文式写作，必要时可配以各种图片、表格、符号、数据，以使说明更加具体、形象。

3. 落款

落款处应写明产品生产者的名称、地址、邮编、电话及产品的批号、生产日期、质量级别等。不同产品说明书的落款内容有所不同，应根据实际需要撰写。

（五）撰写产品说明书时的注意事项

（1）符合有关法规。产品说明书的内容要遵守《中华人民共和国消费者权益保护法》《中华人民共和国广告法》《中华人民共和国反不正当竞争法》等法规。

（2）介绍应实事求是。产品说明书应抱着对用户高度负责的态度，实事求是地介绍产品，不说“假大空”的话。

（3）突出产品特点。其有两层含义：一是产品通常具有多项特点，要选择用户最关心、最需要了解的内容加以说明；二是产品与同类产品相比有自己的特性，要把这种个性化的差异反映出来，加深用户对产品的认识。

（4）表述要通俗易懂。产品说明书应表述得清楚明白，一“说”就“明”，且要设身处地为用户着想，使说明书真正成为用户的顾问和其正确使用产品的参谋。

二、产品广告文案

（一）产品广告文案的概念

产品广告文案是指产品广告中用以表达主题与创意的语言或文字符号。它不仅是广告策划与创意的产物，也是广告灵魂的集中表达。

（二）产品广告文案的写作要求

1. 突出主题

产品广告文案应清晰地表明广告主题。例如，某运动服务品牌芭蕾舞课程的广告主题为“让美更有自信”，其广告文案为“踮起脚尖，你也很美”。简单的几个字不仅呼应了主题，还表明了产品的目标受众是没有舞蹈基础的群体，进而抓住了消费者的内心及其对产品的个性需求，使其产生想要进一步了解产品或购买产品的欲望。

2. 注重实效

注重实效是指产品广告文案一定要为广告目标服务，做到实用、有效，避免片面追求文案的艺术性。撰写者可以从以下两个方面突出产品广告文案的实效性：① 找准卖点，寻找说服消费者的理由，如强调产品的特殊功效与作用，或介绍同类产品无法比拟的特点；② 注重文案的亲和力，拉近与消费者的距离。

3. 真实简洁

真实是指产品广告文案传递的信息要与客观事实相符。具体来说，产品广告文案必须实事求是地介绍产品的特性、功能、价值及相关服务，不能言过其实。同时，产品广告文案还必须做到措辞准确贴切、清楚明了，不能含糊不清。

简洁是指产品广告文案在语言表述上应力求简明扼要、一目了然，以便将广告信息迅速地传送给消费者。因为通俗易懂的内容更容易被消费者接受。

（三）产品广告文案的结构与写法

产品广告文案通常由标题、正文、广告语和随文构成。

1. 标题

广告的标题用于揭示广告文案的主题，其作用是吸引消费者对广告的注意力。广告标题的形式可分为以下两种。

1）直接式标题

直接式标题较为常见，通常是直截了当地告知产品名、品牌名、厂商名或点明广告的基本内容，如“精磨的豆浆 九阳豆浆机”等。为了增强表达效果，标题可改为使用疑问句、感叹句或祈使句表达，如“今天你喝了吗？娃哈哈果奶”等，或采用比喻、夸张、借代、反语、双关等修辞手法，如“格力空调，冷静的选择”等。

2）间接式标题

间接式标题是指标题中不直接出现所要推销产品的相关内容，甚至连产品的名称都不透露，而是利用艺术手法暗示或诱导消费者，使其产生兴趣与好奇心，从而进一步关注广告正文，如“眼睛是心灵的窗户，为了保护您的心灵，请给窗户安上玻璃吧！”（某眼镜广告标题）、“谁把房子建在公园里？”（某楼盘广告标题）。

2. 正文

正文是对广告主题的诠释。按照诉求方式的不同，文案正文可分为理性诉求型文案正文、感性诉求型文案正文和情理交融型文案正文。

广告文案写作常用的修辞手法

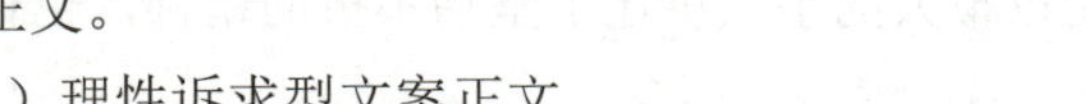

1）理性诉求型文案正文

理性诉求型文案正文以摆事实、讲道理的方式讲述产品的特点及其给消费者带来的利益。这类文案正文旨在以理服人，让消费者理性地进行判断和选择。其一般用在新产品或市场竞争较为激烈的产品的广告中。

例如，某品牌沐浴露的广告文案正文对产品的成分和功效进行了详细的说明。

采用天然配方，温和不刺激

含蜂蜜成分，可以锁住水分、清洁后不紧绷

不添加香精、色素等，孕妇可放心使用

又如，某品牌牛奶的广告文案正文用牧场环境、牛奶中的营养成分等一系列信息，论证了该品牌牛奶的优异品质。

来自乌兰布和，纯净如初的水源

孕育更高营养

成就 4.0 克乳蛋白，130 毫克原生高钙

营养每一个你

2）感性诉求型文案正文

感性诉求型文案正文以情感人，追求情调的渲染和气氛的烘托，更加容易打动消费者。其多用于家居用品、化妆品和装饰品等产品的广告中。

例如，某智能家居品牌的广告文案正文以诗歌的形式表达了对家的热爱，激发消费者致力于打造更好的家。

家，是两个肩头靠在一起

家，是两种声音的协奏曲

家，是漫长的童年和一闪而过的记忆

家，是单开门冰箱和双卡录音机

家，是依依不舍，是念念不忘

家，是秋天的爸妈和春天的儿女

家，是千里万里，心仍然在这里

家，是聚了散，散了聚，心永远在一起

家，是一个懂我们的房子，照顾我们一日三餐、冷暖悲喜

3）情理交融型文案正文

情理交融型文案正文是指将理性诉求与感性诉求融为一体的文案正文形式。这种类型的文案正文既晓之以理，又动之以情，从多个角度说服消费者。其多用于耐用消费品的广告中。

例如，某户外品牌的广告文案正文以拟人的手法讲述了坚韧不拔的精神，也传达了其产品牢固、耐磨、防水的特性。

忘了从什么时候起，人们叫我踢不烂

而不是 Timberland

从那阵风开始，当我被那阵风轻吻

被月光、星光、阳光浸染

被一颗石头挑衅

然后用溪流抚平伤痕

当我开始听到花开的声音

当我不小心闯对路，又认真地迷过路

当我经历过离别，又曾被人等待

当我需要、被需要

我知道已和一开始那双崭新的 Timberland 完全不同

在时光里，我变旧、变皱，用伤痕覆盖伤痕

每天当太阳升起，我又是全新的

我走的时候叫 Timberland

回来时才叫踢不烂

但踢不烂的故事，还远远未完成

课堂互动

每个女孩都希望拥有白嫩的皮肤。假如你的皮肤有着种种问题，就要小心护理。即使你的皮肤天生无暇，也不可忽视护肤的重要性。因为女性细腻的皮肤常常会受到气候变化、空气污染、饮食不规律等因素的影响，出现痤疮、黑头、色斑等问题。并且，随着年龄的增长，细胞的新陈代谢放缓，皮肤也会渐渐老化。所以，你应该密切关注皮肤问题，学会正确护肤，以保持皮肤的健康。

上述文字为某护肤品广告文案正文，想一想，它属于哪种类型的文案正文？你能否写出更能打动消费者的文案正文？请试一试。

3. 广告语

广告语又称“广告口号”，是指企业为了实施阶段性的广告宣传策略，在一定时间内反复使用的精练的口号式语句。它是广告文案中不可或缺的组成部分，可以单独使用，也可以与其他部分结合使用。广告语需要贴合广告主题，突出品牌的特有属性和企业文化。广告语的语言要求高度浓缩、朗朗上口，如“农夫山泉有点甜！”“怕上火，喝王老吉！”

4. 随文

随文又称“附文”，是对广告文案正文的补充，放在广告文案的结尾。随文的内容一般包括企业的名称、地址、联系人、电话号码、电子邮箱、邮编等内容，以便消费者与其联系。

课堂互动

说一说你熟悉的、朗朗上口的广告语。

（四）撰写产品广告文案时的注意事项

（1）要明确并了解目标受众。在撰写广告文案之前，撰写者需要了解目标受众的需求、兴趣和购买习惯。这样有助于撰写者为不同的受众群体量身定制不同的广告文案。

（2）要明确广告主题。在撰写产品广告文案时，撰写者需要明确广告的主题。这有助于撰写者在产品广告文案中传达清晰的信息，并帮助目标受众更好地理解产品的优势和特点。

（3）要突出产品的特点。广告文案中要突出产品的优势和特点，并尽可能地让这些优势和特点与目标受众的需求和兴趣相匹配，以提高产品的吸引力。

（4）多使用创意手法。只有独具创意的产品广告文案，才能在第一时间吸引目标受众，从而在众多的广告中脱颖而出。因此，在撰写产品广告文案时，撰写者可以通过独特的想法来实现广告文案的特色。

（5）文案内容要合法合规。产品广告文案需要遵守相关法律法规和规定，确保广告内容的合法性和合规性。

三、营销策划书

（一）营销策划书的概念

营销策划是指根据企业的营销目标，设计和规划企业的市场策略和营销活动等。营销策划书则是反映企业营销策划活动的财经应用文书。

（二）营销策划书的特点

1. 针对性

营销策划书旨在解决企业在营销过程中遇到的问题或帮助企业实现既定的营销目标。营销策划书通常针对特定的市场环境、目标客户群体、产品或服务，对企业的营销活动进行规划和安排。

2. 可操作性

营销策划书是为了解决实际问题而撰写的文书，为企业的营销活动提供具体的实施方案和行动计划。其包括明确的步骤、进度表和责任人，便于企业依据营销策划书的指导，逐步实施各项营销活动，可操作性强。

3. 系统性

营销策划书是一种系统性较强的文书，涉及市场营销活动的各个方面，包括市场调研与分析，营销目标与策略，营销预算分析和风险评估等。这些内容具有清晰的逻辑关系，构成了一个层次分明的整体。

（三）营销策划书的结构与写法

营销策划书并没有固定的格式。但总的来说，一份完整的营销策划书通常包括以下几个方面的内容。

1. 封面

营销策划书的封面通常包括营销策划书的名称、适用对象，策划机构的名称或策划者的姓名，营销策划书完成的日期，营销策划方案的适用时间等内容。

2. 目录

目录应完整地罗列营销策划书各个部分的标题。这一方面可以使营销策划书显得更为规范；另一方面也便于读者能快速地了解营销策划书的内容。

3. 前言

前言是营销策划书的内容提要，应包括营销目标、营销策划概述，以及营销策划能够解决的问题。一般来说，通过阅读前言，读者就能对营销策划的内容有大致的了解。

前言不宜过长，以数百字为佳。

4. 正文

营销策划书是将营销策划的内容以书面形式表现出来，所以，营销策划书的正文就是对营销策划内容的说明，其主要包括目标市场分析、营销策略分析、营销预算分析和风险评估等。

1）目标市场分析

（1）产品分析。产品分析应尽可能详细地列明产品的相关信息，如产品的特性、品质、销售渠道、定价及其能够带来的利益等方面的内容。

（2）消费者分析。消费者分析应重点放在目标市场的消费者偏好、相关产品的购买人数等方面。同时，其还应包括一些消费者的基本信息，如年龄、性别、收入、教育程度和职业等。

（3）竞争态势分析。竞争态势分析是指对“敌情”进行分析，力求“知己知彼”。这项分析必须说明竞争对手正在实施的营销策略的特色，对目标市场将会有哪些影响等。同时，这部分内容还可以介绍竞争对手过去使用的营销策略，以及竞争对手的营销预算，以便确定本企业的营销预算规模。

2）营销策略分析

营销策略分析应说明计划采取的产品策略、定价策略、渠道策略、促销策略等。具体来说，营销策划者应基于前述信息，详细阐述制订相应营销策略的依据，营销策略的内容、实施要点及其能够产生的效果，从而说服客户相信该营销策略有助于产品的销售。

（1）产品策略分析。产品策略分析应结合市场情况和竞争态势，深入分析所制订的产品策略的合理性和有效性。

（2）定价策略分析。针对不同情况，企业会采取不同的定价目标和定价策略。定价策略分析应说明制订策略的依据，如同一产品的市场价格水平、市场需求与竞争状况、企业的定价方法等。

（3）渠道策略分析。渠道策略分析应尽可能地用实际数据和案例来证明渠道策略的有效性。同时，其还应关注消费者需求和行为变化，确保渠道策略与市场需求相匹配。

（4）促销策略分析。促销策略分析应说明企业所采取的促销策略，以及该促销策略与竞争对手的差异和优势。

3）营销预算分析

这一部分内容应写明执行各种市场营销策略所需的预算，以及在各个市场营销环节、各种市场营销手段之间的预算分配。

4）风险评估

风险评估是指对营销过程中可能出现的风险和挑战进行预测和估计的过程。在制订营销策划时，营销策划者应充分考虑可能面临的市场风险、竞争风险等，并制订相应的应对措施。这有助于降低营销策划活动失败的风险，提高营销策划活动成功率。

5. 结束语

一般来说，结束语在营销策划书中主要起到与前言呼应的作用，使营销策划书有一个圆满的结尾，不至于让人感觉太突兀。

6. 附录

营销策划书的附录应包括需要提供给客户参考的各类资料，如消费者问卷调查的统计结果、竞争对手营销活动的照片等。

除了上述内容，营销策划者还可根据企业或产品推广的需要，灵活增加或删减营销策划书的相应内容。

（四）撰写营销策划书时的注意事项

（1）理论联系实际，注重调查研究。在撰写营销策划书之前，营销策划者必须展开深入的调查，调查数据必须真实可靠。

（2）具有可操作性。营销策划书应在企业现有资源条件的基础上撰写，以使营销策划方案切实可行。

（3）营销策划书应保证原创性，引用他人成果时必须注明出处。

范文赏析

【范文一】

<table>
<tr>
<td>

××洁厕液说明书

产品特点：

（1）去顽垢：科学配方，有效去除马桶中的各种污垢。

（2）不呛鼻：内含天然植物精华，可散发怡人清香。

（3）除细菌：有效清除金黄色葡萄球菌和大肠杆菌等细菌。

（4）挂壁久：蓝色晶亮液体，挂壁均匀持久，轻轻一刷，厕盆立刻干净。

（5）斜喷口：独特的倾斜喷口设计，能将洁厕液挤射到马桶内难以清洁的隐蔽边缘，清洁更加全面。

（6）无损伤：对厕盆釉面无损伤。

使用方法：

（1）轻轻挤压瓶身，将液体均匀喷洒在厕盆内部四周。

（2）静置一段时间，待洁厕液沿着厕盆内壁流下。

（3）用刷子轻刷干净，随后冲净即可。

适用范围：

马桶。

</td>
<td>

标题由产品名称和文种构成。

正文采用条款式分别对产品的特点、使用方法、适用范围和注意事项等进行说明。

</td>
</tr>
</table>

注意事项：

（1）对眼睛有刺激，请避免与眼睛接触。若不慎入眼，请立即用清水冲洗 15～20 分钟；若刺激持续，请及时就医。

（2）请避免液体长时间与手直接接触，用后立即洗手。如果误食，应立即大量饮水并及时就医。

（3）请存放于儿童及宠物不易触及之处。

（4）请勿与漂白剂或其他化学产品一起使用，以免产生有毒气体。

上海××有限公司

上海市浦东新区××路××号

产品标准号：××××××

查询电话：×××××××××

免费咨询电话：×××××××××

生产日期及批号：见瓶身

保质期：2 年

落款处写明该洁厕液的制造厂家的名称、地址及产品的生产日期、批号、保质期等。

点评

该产品说明书内容翔实，以分条列项的形式介绍了产品的特点、使用方法、注意事项等内容。全文要点表述清晰，语言流畅、连贯自然。

【范文二】

××空调，你的专属空调

××空调已上市！是你期待已久的完美空调吗？！

制冷杰出的××空调：能效比超群的“智能高手”。卓越的性能，令××空调在 20××年空调质量检测中获得能效比值高达××的殊荣。

宁静和谐的××空调：超静音设计，令××空调室外机的噪声比一般空调的室内机还要低，在 20××年空调质量检测中，××空调以噪声低而闻名。

赏心悦目的××空调：流线型机身与圆弧面相结合的轻型设计，配合恬静幽雅的色调，使之宛如一件艺术品。

勤俭持家的××空调：高效节能，除翩翩的风度，恬静的性格和制冷身手不凡之外，还懂得细水长流，的确是个持家好手。

标题为直接式标题，直截了当地告知产品名、品牌名。

广告文案正文采用理性诉求的手法，以摆事实、讲道理的方式讲述××空调的特点及其给消费者带来的利益，论证了该品牌空调的优异品质。

点评

该产品广告文案既用客观、准确的理性语言介绍了产品的技术标准和质量标准，又用生动、丰富的感性语言描述了产品的风格和时髦程度，具有较强的说服力。

【范文三】

××扫地机器人的营销策划书

> 标题写明文种。

目 录

一、前言
二、目标市场分析
（一）家用小电器市场现状及发展趋势
（二）市场环境及竞争状况分析
（三）消费者分析
三、产品分析
（一）××扫地机器人的产品特点分析
（二）竞争性产品的特点分析
四、销售状况与当前营销策略分析
（一）××扫地机器人的销量与当前营销策略分析
（二）主要竞争对手的销售状况与当前营销策略分析
五、××扫地机器人的营销策略
（一）品牌塑造
（二）产品推广
（三）价格策略
（四）合作伙伴
（五）口碑营销
六、营销预算分析
七、附录

> 正文列明扫地机器人的市场状况、营销策略、营销预算等内容。

点评

这是一篇扫地机器人的营销策划书的目录。从目录来看，该篇营销策划书通过对目标市场分析、产品分析、营销策略分析等方面的阐述，详细说明了该产品的营销策划方案及产品营销制胜要点。

病文会诊

蓝牙音响是一款方便携带和使用的便携式音响设备，通过蓝牙技术和移动设备（如手机、平板电脑等）进行无线连接，实现音乐播放和通话功能。本说明书将详细介绍蓝牙音响的功能特点、使用方法、注意事项和维护保养技巧。

一、功能特点

1．蓝牙连接：支持蓝牙 5.0 版本，无需使用任何网络线缆即可与手机、平板电脑等设备连接。

2. 高品质音乐播放：采用高保真音频技术，支持高品质音乐播放，带给用户更加清晰、流畅的音乐体验。

3. 免提通话：内置麦克风并采用高清通话技术，可以通过蓝牙音响进行免提通话，实现高质量的语音通信。

4. 多种输入方式：支持蓝牙、aux 有线连接和 TF 卡音乐播放，用户可以根据需求选择不同的输入方式。

5. 长时间续航：内置大容量电池，能够提供长达 8 小时的使用时间，满足用户的音乐播放需求。

6. 便携式设计：外观设计小巧轻便，方便携带和随时使用，是家庭、户外等场景的理想音响选择。

二、使用方法

连接：

1. 打开蓝牙音响的电源按钮，并使其处于待机状态。

2. 手机或平板电脑等设备进入设置界面，开启蓝牙功能。

3. 在蓝牙设备列表中，找到并点击连接蓝牙音响。

4. 连接成功后，设备会提示连接成功。

音乐播放：

1. 打开音乐播放器，选择你想要播放的歌曲或列表。

2. 点击播放按钮，蓝牙音响即可开始播放音乐。

三、注意事项

1. 使用蓝牙音响时，请将音响放置在手机等设备的最佳连接距离内，以确保信号质量和连接的稳定性。

2. 音响与移动设备之间的障碍物（如墙壁）可能会影响连接质量，请尽量保持音响与设备之间的视线畅通。

3. 在使用蓝牙音响进行免提通话时，请注意保持通话环境的安静，避免噪音对通话质量产生影响。

4. 音响的电池容量有限，请及时充电以确保长时间的使用需求。

5. 当蓝牙音响电池电量过低时，系统会自动发出提示音并断开链接，请及时充电。

6. 音响上的按键功能可以根据用户的需要进行配置，详细方法请参考附带的用户手册。

四、维护与保养

1. 音响表面容易沾染灰尘和污渍，需要定期用软布轻擦进行清洁。

2. 在清洁过程中，切勿使用含有酒精、丙酮等的化学溶剂，以免损坏音响的外观。

3. 长时间不使用音响时，请关闭音响的电源以节省电量。

4．不要将音响暴露在高温、潮湿或阳光直射的环境下，以免损坏电子设备。

【会诊提示】

（1）未写明标题与产品的品牌。

（2）落款处未写明产品制造厂家的名称、地址、邮编、电话及产品的批号、生产日期、质量级别等。

写作训练

请根据下列材料，分别拟写一份产品说明书和一则产品广告文案。

材料一：草本抑菌乳膏由江西××药业有限公司出品，主要用于皮肤抑菌。其一软管的含量是 15 克，主要成分包括苦参 25%、狼毒 2.5%，薄荷脑 2%、冰片 2%、白鲜皮 1.5%、蛇床子 1.5%、地肤子 1%、醋酸氯己定 0.03%～0.25%等。其中醋酸氯己定为抑菌成分。该产品对金黄色葡萄球菌、白色念珠菌、大肠杆菌有抑制作用，使用方法是将本品涂抹于皮肤不适处。

注意事项：① 对本品过敏者禁用；② 当产品性状发生改变时禁止使用；③ 请将产品放置在儿童接触不到的地方；④ 破损皮肤和黏膜处禁止使用；⑤ 本产品不能代替药品。

其他信息：① 该产品由铝塑管包装；② 需在常温、干燥处保存，保质期为 1 年；③ 许可证号为赣卫消证字（20××）第 0073 号；④ 执行标准为 Q/JWHY001-20××；⑤ 企业地址为东丰县恩江镇桥商工业区××城×栋×楼东户；⑥ 电话为××××××××××××。

请根据上述材料，拟写一份产品说明书。

材料二：“××雅”品牌的明星产品主要有以下几款。

超保湿眼部精华：主要成分为珍珠活性精华、锁水保湿因子、天然角鲨烷、鳄梨油、抗老成分、常青藤提取液，能为眼周肌肤提供 24 小时水分滋养，抑制眼角松弛和下垂，防止皱纹产生。

流光美肌粉底液：集养颜与修饰于一体，蕴含微细珍珠粉和保湿因子，能防止皮肤干燥，维持湿润的皮肤状态，发挥养颜润肤的功效。

珍珠精华：富含珍珠、桑叶、熊果叶等成分，有净化排毒、生肌悦色、清除沉积毒素、改善肌肤黄气、深层美白的作用。

请根据上述材料，分别为“××雅”品牌的明星产品撰写产品广告文案。

项目自测

一、不定项选择题

1. 下列选项中，（ ）属于财经宣传文书的作用。

A. 传达财经信息　　B. 学习财经知识

C. 树立企业良好形象　　D. 促进经贸交流

2. 经济消息的特点是（ ）。

A. 真实性　　B. 随机性

C. 时效性　　D. 简明性

3. （ ）的报道面广，声势较大，点面结合，概括性强。

A. 动态类经济消息　　B. 综合类经济消息

C. 经验类经济消息　　D. 述评类经济消息

4. 按照表达形式的不同，产品说明书可分为（ ）。

A. 文字式产品说明书　　B. 图表式产品说明书

C. 音像式产品说明书　　D. 电子式产品说明书

5. 撰写广告产品文案时，应（ ）。

A. 突出主题　　B. 真实简洁

C. 注重实效　　D. 夸大其词

6. （ ）以情感人，追求情调的渲染和气氛的烘托，更加容易打动消费者。其多用于日用品、化妆品、装饰品等产品广告中。

A. 理性诉求型文案正文　　B. 感性诉求型文案正文

C. 促销型文案正文　　D. 说明型文案正文

7. 下列有关撰写营销策划书时的注意事项，说法正确的是（ ）。

A. 理论联系实际　　B. 注重调查研究

C. 独具创意性　　D. 具有可操作性

二、简答题

1. 简述财经宣传文书的写作要求。
2. 简述经济消息的结构与写法。
3. 简述撰写产品说明书时的注意事项。
4. 简述营销策划书的结构与写法。

项目评价

全班同学每 5 人一组，结合写作训练与项目自测的完成情况，按照表 5-1 的评价标准，对本项目的学习情况进行自评和互评，并请老师进行总体评价。

表 5-1　考核评价表

<table>
<tr><th rowspan="2">考核内容</th><th rowspan="2">评价标准</th><th rowspan="2">分值</th><th colspan="3">评价得分</th></tr>
<tr><th>自评</th><th>互评</th><th>师评</th></tr>
<tr><td rowspan="5">知识与技能考核（60%）</td><td>能够复述财经宣传文书的概念和作用</td><td>5</td><td></td><td></td><td></td></tr>
<tr><td>能够简述财经宣传文书的写作要求</td><td>5</td><td></td><td></td><td></td></tr>
<tr><td>能够复述经济消息、产品说明书、广告产品文案和营销策划书的基础知识</td><td>15</td><td></td><td></td><td></td></tr>
<tr><td>掌握经济消息、产品说明书、广告产品文案和营销策划书的结构与写法</td><td>20</td><td></td><td></td><td></td></tr>
<tr><td>明确经济消息、产品说明书、广告产品文案和营销策划书的写作注意事项</td><td>15</td><td></td><td></td><td></td></tr>
<tr><td rowspan="4">过程与方法考核（20%）</td><td>课前主动预习，积极搜集各类财经宣传文书范文</td><td>5</td><td></td><td></td><td></td></tr>
<tr><td>认真分析所搜集的财经宣传文书范文的作用、结构和语言特点</td><td>5</td><td></td><td></td><td></td></tr>
<tr><td>积极参与课堂讨论，并与同学交流自己的观点</td><td>5</td><td></td><td></td><td></td></tr>
<tr><td>认真完成课后训练，善于通过模仿提高写作水平</td><td>5</td><td></td><td></td><td></td></tr>
<tr><td rowspan="4">综合素养考核（20%）</td><td>会欣赏蕴藏于财经应用文中的美，增强文化自信</td><td>5</td><td></td><td></td><td></td></tr>
<tr><td>学会从多个角度看待问题</td><td>5</td><td></td><td></td><td></td></tr>
<tr><td>具备创新精神和审美情趣</td><td>5</td><td></td><td></td><td></td></tr>
<tr><td>提升对信息的洞察力和判断力，增强思辨能力</td><td>5</td><td></td><td></td><td></td></tr>
<tr><td>总评</td><td>自评（20%）+互评（20%）+师评（60%）=</td><td colspan="4">教师（签名）：</td></tr>
</table>

项目六

严谨求实，清晰明了
——财经报告文书

素养目标

（1）具备诚实守信、客观公正、严谨细致等职业道德和职业素养。

（2）具备敏锐的观察力、灵敏的反应力、超强的记忆力。

知识目标

（1）了解财经报告文书的概念、作用和写作要求。

（2）了解简报、调查报告、财务分析报告、可行性研究报告的基础知识。

（3）掌握简报、调查报告、财务分析报告、可行性研究报告的结构与写法。

能力目标

能够按照要求规范撰写财经报告文书。

财经报告文书概览

一、财经报告文书的概念

财经报告文书是指对财经活动过程及相关事件的发展变化做出调查、预测、分析后撰写的财经应用文书。这类文书通常由财经专业人士撰写，用于向投资者、合作伙伴、管理层和公众提供有关经济形势、市场动态、企业财务状况、投资策略等方面的信息和建议。

二、财经报告文书的作用

（一）提供全面的财经信息

财经报告文书通常覆盖了尽可能全面的信息，包括市场行情、企业财务数据、行业趋势、政策影响等，并对其进行了分析和预测。这些信息可以帮助读者更好地了解特定行业、企业或市场的经济状况和发展趋势。

（二）辅助投资决策

财经报告文书对于投资者来说是至关重要的辅助工具。财经报告文书提供了关于潜在投资项目的财务信息和非财务信息。通过这些报告，投资者可以了解公司的盈利能力、发展前景及潜在的风险，进而更好地评估投资的价值和风险，从而做出明智的投资决策。

（三）树立企业良好形象

财经报告文书有助于企业树立良好的形象和提升企业信誉。一份内容全面、分析深入的财经报告文书，可以展现出企业人员的专业素养和高超的管理水平。同时，通过财务分析报告等文书公开披露财务信息，企业可以与利益相关者建立更加透明和可靠的合作关系，从而获得更多的信任与支持。

（四）促进经济发展

财经报告文书在促进经济发展方面也发挥了积极的作用。财经报告文书为市场提供了可靠的财务信息，从而引导资金流向有前景的行业和项目。同时，通过公开披露财务信息，企业可以接受社会的监督，从而促使自己不断提高管理水平和规范经营行为。

三、财经报告文书的写作要求

基于财经报告文书的重要作用，其需要清晰、准确、规范地传达财经信息。

（一）目的明确

在撰写财经报告文书之前，撰写者首先要明确报告的写作目的和目标读者。明确写作目的可以帮助撰写者确定报告涵盖的信息和使用的表达方式，以确保财经报告文书能够满足读者的需求。

（二）内容准确

财经报告文书中的信息和数据应真实、准确。具体来说，撰写者应使用可靠的数据，并对数据进行合理的分析和解释。此外，财经报告文书涉及的其他信息也必须真实、完整，不得有任何虚假或误导性的内容。

（三）格式规范

财经报告文书需要遵循一定的格式，以确保其专业性和可读性。一般来说，财经报告文书应采用标准的格式编排，同时要注意字体、字号和行距等细节问题。此外，财经报告文书中的参考文献也需要遵循相关的格式要求。

（四）结论明确

财经报告文书应有一个明确的结论，以便读者能够清楚地了解撰写者的意图和建议。结论应基于报告中的数据和分析结果，同时应简明扼要。

任务一　掌握简报、调查报告的写作方法

职业场景

小杨在一家电商公司工作，负责运营在线销售平台。每周，小杨都需要撰写简报，向公司的管理层汇报线上销售情况。在简报中，小杨需要汇报一周的销售额、订单数量、客户反应、新功能上线后的用户反馈等关键信息，以便管理层详细地了解业务状况，并做出相应的决策。

请思考：简报有哪些特点？应如何撰写简报？

一、简报

（一）简报的概念

简报

简报是指企事业单位、社会团体为了汇报财经工作、反映财经领域的情况、交流经验、解决问题或传播财经信息而撰写的简短的财经报告文书。

从文体上看，简报是简要陈述企事业单位或社会团体内部财经信息的常用文体；从形式上看，简报是一种具有固定格式的内部刊物。常见的“××反映”“××动态”“××简讯”“××信息”“内部参考”等，其实质都是简报。

（二）简报的特点

简报的特点可以用“快、新、实、短”4个字概括。

（1）快是指简报迅速及时。简报具有新闻性质，追求时效性，其发现、汇集情况快，撰写成文快，编印制发快。

（2）新是指简报的内容为刚刚发生的，具有新意。简报通常是反映新情况、新问题和新经验，具有较强的指导性和交流性。

（3）实是指简报的内容客观，即简报所反映的情况和问题真实、准确，不掺杂撰写者的主观意识。

（4）短是指简报篇幅简短。简报通常文字少、内容精，叙事直接，开门见山，一语中的，多为一事一议。简报字数一般为几百字，最多不过千字。

（三）简报的种类

根据内容和性质的不同，简报可分为综合型简报和专题型简报。

1．综合型简报

综合型简报的内容通常涉及本系统、本单位或本部门各项财经工作情况。综合型简报可以反映财经工作的进度、进展情况及好的做法和经验，宣传先进事迹；也可以把工作中存在的不足或弊端列出来，促进问题的解决。此外，凡是有利于人们提高认识、拓宽视野和鼓舞干劲的财经信息和财经动态，都可以在综合型简报中予以反映。

2．专题型简报

专题型简报主要反映某一项财经工作的情况，其内容一般围绕此项财经工作的进展来写，如上级对这项工作的关心和支持、员工的工作态度和干劲、难关的攻克、问题的解决及经验教训等。

（四）简报的结构与写法

简报一般由报头、报核和报尾构成。简报的结构如图 6-1 所示。

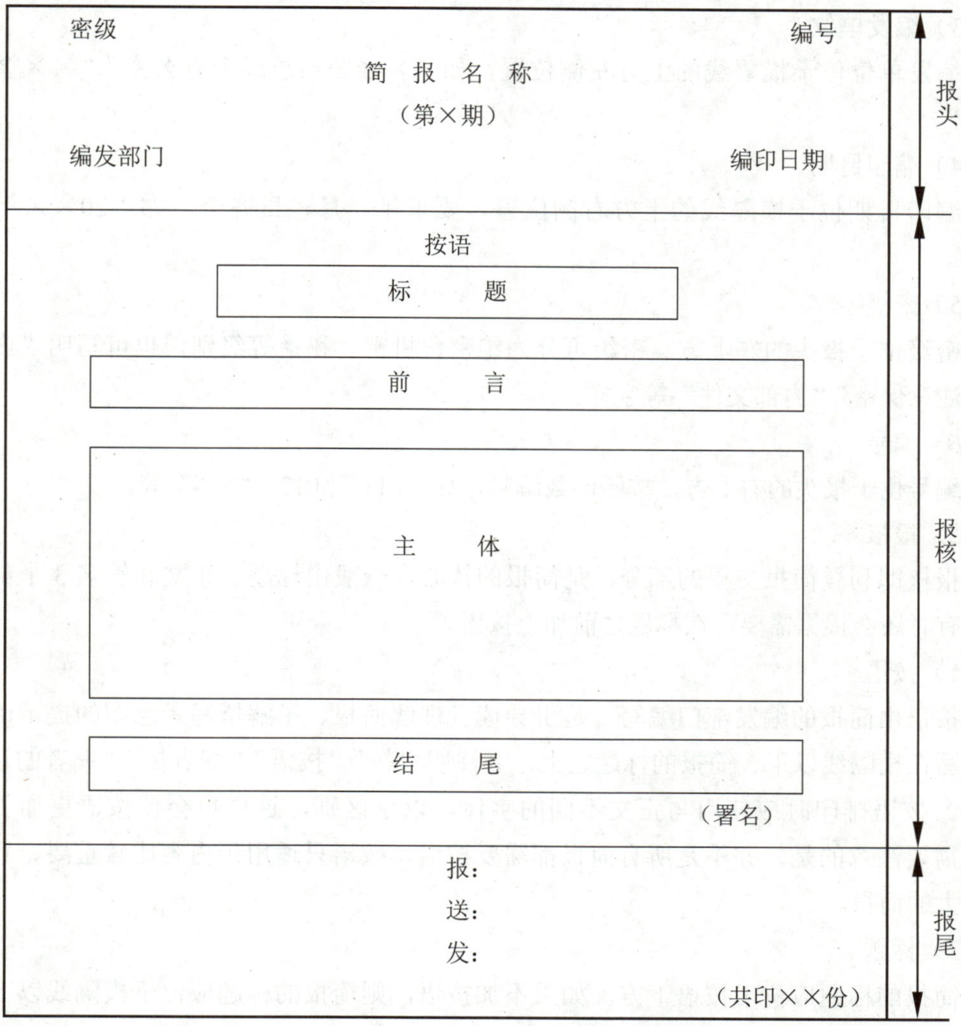

密级　　　　　　　　　　　　编号 简　报　名　称 （第×期） 编发部门　　　　　　　　编印日期	报头
按语 标　　题 前　　言 主　　体 结　　尾 （署名）	报核
报： 送： 发： （共印××份）	报尾

图 6-1　简报的结构示意图

1．报头

报头又称“版头”，位于简报首页上部，约占首页的 1/3 版面，其下方用红线（即横隔线）与报核部分隔开。报头一般包括以下几项内容。

1）简报名称

简报名称一般使用红色大号黑体字，写在版面的居中位置，如“××简报”“××动态”“××内部参考”等。简报如果是因特殊需要临时增加的内容，或是围绕特定主题所设置的栏目，则可以在名称或期数下面注明“增刊”或“××专刊”字样。

2）期数

期数位于简报名称的正下方，用“（ ）”括入，如“（第 12 期）”，有时还应注明总期数。

3）编发单位

编发单位位于横隔线的上方左侧位置，如“××公司总经理办公室”“××会议秘书处”。

4）编印日期

编印日期位于横隔线的上方右侧位置，要求年、月、日齐全，如“20××年 3 月 2 日”。

5）密级

密级位于报头的左上方。密级可分为绝密、机密、秘密等级别，也可写明“内部资料，注意保密”“内部文件”等字样。

6）编号

编号位于报头的右上方，按照印数编号，如“011”“012”“013”等。

2. 报核

报核即刊登简报文稿的部分，是简报的核心，一般由标题、正文和署名 3 个部分组成，有时还会根据需要，在标题之前加上按语。

1）按语

按语由简报的编发部门编写，是引导读者理解简报、了解撰写者意图的提示语。按语应写在横隔线以下、简报的标题之上，并注明“按”“按语”“编者按”“编者的话”等字样。按语排印时应使用与正文不同的字体，以示区别，这样也会使按语更加引人注目。需要注意的是，并不是所有简报都需要按语，按语只适用于内容比较重要、意义较为重大的简报。

2）标题

简报的标题应位于按语下方。如果不加按语，则简报的标题应位于横隔线以下的中间位置。

3）正文

正文一般分为前言、主体和结尾 3 个部分。

（1）前言。前言主要概括正文内容或主要事实，先让读者对正文内容有一个总体印象，并引出下文。前言通常应交代时间、地点、人物、事件、原因、经过和结果等。

（2）主体。主体是简报正文的主干部分，是对前言内容的具体说明。撰写者在撰写主体内容时不仅要紧扣主题，使用有说服力的材料对主要事实进行表述，或按照一定的逻辑顺序阐述和说明观点，还要注意用真实数据表述，恰当地运用典型事例等，以使内容具体化。

（3）结尾。简报的结尾常用一句话或一段话来概括正文的主要内容，或指明事件发展的趋势，也可以提出建议或希望。主体部分如果已将相关内容表述完整，正文就不必再加结尾。

4）署名

署名可以是供稿部门的名称，也可以是供稿人的姓名，其位于正文的右下方，并用“（　）”括入。一般情况下，由编发单位撰写的简报不署作者姓名；如果是约稿或征集的稿件，或是有关部门送过来的稿件，则应署名。

3. 报尾

报尾部分主要包括发送单位和印发份数两项内容，位于简报最后一页的末端。发送单位一般应分别写明“报：×××（对上级单位）”“送：×××（对同级单位或不相隶属的单位）”“发：×××（对下级单位）”；也可以不加以区别，一律写为“发送：×××”。

简报的印发份数通常是固定的，如果临时增加印发份数，则应注明“本期增发××份”，排印在发送单位的下方右侧。

（五）撰写简报时的注意事项

（1）抓准问题，有的放矢。简报应围绕本单位（部门）的实际情况撰写，应反映财经工作中最重要、最典型、最新鲜、最为群众关心、最需要引起注意的问题。

（2）材料准确，内容真实。简报作为加强领导和推动财经工作的重要工具，其内容必须绝对真实、准确，否则会造成不良后果。简报所选用的任何材料，包括人名、地点、时间、数字等，都必须准确无误。

（3）简明扼要，一目了然。简报应使用尽可能少的文字说清楚必须说明的问题。具体来说，简报应做到以下 3 点：① 主题集中，一稿一事；② 围绕主题精心挑选典型事例；③ 既要求简，又要写清楚。

（4）内容实在，言之有物。用事实说话是简报的主要特点之一，也是撰写者撰写简报时应注意的一个重要问题。简报的内容应言之有物，切忌写套话、空话和大话。

二、调查报告

（一）调查报告的概念

调查报告是指对财经领域的某项工作、某个问题、某件事情进行调查研究之后撰写的，反映调查研究的结果的财经报告文书。其有时也被称为“考察报告”“调研报告”“情况介绍”，或简称为“××××调查”“××××状况”等。

调查报告可以作为向上级领导或有关部门汇报工作、反映情况的内部材料，也可以在报纸、刊物上公开发表；可以反映当下的情况，也可以回顾过去的情况；可以就某一专题来写，也可以将几个方面的问题或情况一并表述；可以介绍正面的经验，也可以反映反面的教训。调查报告是领导做出决策和指导工作的重要依据，在扶持新生事物、传播典型经验、揭露各种问题和引起社会关注等方面具有重要作用。

（二）调查报告的特点

1．真实性

调查报告所反映的内容是调查研究的结果，是撰写者经过亲自调查了解到的真实情况，而不是其道听途说、东拼西凑的内容。

2．针对性

撰写调查报告是为了解决实际问题，因此，调查报告具有较强的针对性。一般来说，调查报告的针对性越强，其内容就越有深度，对实际工作也越有指导性。

3．典型性

调查报告所反映的内容，无论是经验，还是问题，都具有典型性，可以起到“窥一斑而知全豹”的作用。调查报告如果反映的是没有代表性的个别事例，则难以对工作产生指导作用。

（三）调查报告的种类

根据内容和性质的不同，调查报告可分为以下几类。

1．专题型调查报告

专题型调查报告是指针对财经领域的一个事件、一个情况或一个问题撰写的调查报告。其能深刻地反映上述事件、情况或问题的全部内容，并根据调查结果提出结论，如《关于××销售情况的调查报告》《关于我校财会专业毕业生就业现象的调查报告》等。

2．综合型调查报告

综合型调查报告汇集了财经领域众多的调查对象及其基本情况、发展趋势等，具有全面、系统、深入和篇幅较长的特点。它与专题型调查报告的主要区别在于其综合性强，能够相对完整地描绘出事物的全貌，如《城镇大型企业能源节约状况》《关于职工社保缴纳情况的调查报告》等。

3．理论研究型调查报告

理论研究型调查报告是指以财经领域的学术研究为主要内容的调查报告。它以搜集、整理资料并提出问题、给出结论为特点，大多发表在学术刊物上或载于学术著作中，如《关于核能源有效利用的调查报告》等。

4．实际建议型调查报告

实际建议型调查报告是指根据财经领域的实际工作需要撰写的，用于调查、分析某事成功或失败的原因，并提出实际建议的调查报告，如《第二代节能型家用电器市场拓展调查报告》等。

5. 推广经验型调查报告

推广经验型调查报告是指对在财经工作中取得显著成绩的先进人物或单位进行调查研究后所形成的调查报告。这类调查报告主要介绍先进经验产生的背景、具体措施及其效果等，如《××科技公司管理经验的调查报告》。

6. 揭露问题型调查报告

揭露问题型调查报告侧重于反映财经活动中存在的问题。这类调查报告常用于查清事实、揭露问题和剖析原因，并提出解决问题的建议，如《××食品有限公司××事故的调查报告》。它要求撰写者弄清事实真相和划清是非界限，揭露问题实质，以引起读者的重视和反思。

7. 反映新生事物型调查报告

反映新生事物型调查报告主要介绍财经领域的新生事物的产生和发展的过程，分析其意义或影响，预测其发展趋势，进而达到指导工作的目的，如《人工智能技术发展与应用调查研究报告》等。

（四）调查报告的结构与写法

调查报告通常由标题、正文、落款和附录构成。

1. 标题

调查报告的标题通常有公文式标题、文章式标题、新闻式标题和提问式标题 4 类。

1）公文式标题

公文式标题由调查对象、调查事项和文种构成，如“××市经济体制改革调查报告”。公文式标题也可加上调查者，用“关于”“对”等连接调查者和调查对象，如“××局关于××制药厂技改情况的调查报告”。

2）文章式标题

与公文式标题的结构相比，文章式标题没有文种。其或点明结论，或概括全文的主要内容，如“××上市公司内部结构问题”“畸形消费应引起高度重视”等。

3）新闻式标题

新闻式标题多以“正标题+副标题”的形式出现，正标题揭示主题，副标题用公文式标题标明调查对象或调查内容等，如“腾飞的法宝——广州×××制药厂调查报告”等。

4）提问式标题

提问式标题即用提问的方式总结某一项工作经验或揭露某一个问题，如“智能时代人们的生活有哪些改变”等。

2. 正文

正文通常由前言、主体和结尾构成。

1）前言

前言是关于调查情况的简要说明，其主要包括以下几个方面的内容：① 调查某个问题（事件、人物等）的目的和依据；② 调查的时间、地点、对象、范围、过程和方法；③ 调查对象的基本情况和历史背景；④ 调查后的结论。这些内容的侧重点由撰写者根据调查目的来确定，不必面面俱到。

前言的常见写法有说明式、概述式、提问式和结论式等。撰写者无论采用何种写法撰写前言，表述都应简明扼要，以便引出下文。例如，“为了增强计划性，加强对家用小电器的经营管理，更好地掌握市场销售动态，今年夏天，我们采取了走访经营单位与分析历史资料的办法，对北京市家用小电器的历年销售情况、当前销售量和市场需求变化进行了调查”，该前言概括了调查的目的、方法、范围等，让读者对此了然于胸。

2）主体

主体是充分体现调查报告价值和质量的部分，其主要包括以下几个方面的内容。

（1）调查的基本情况：这部分内容应写明调查的时间、地点、对象，以及事件的起因、发展经过和结果等。

（2）事实分析：这部分内容应运用夹叙夹议的写作手法，对调查的内容进行分析，说明原因和影响，并得出经验教训。

（3）归纳结论：这部分内容是调查报告的目的所在，应根据上文的叙述和分析，归纳出客观、明确的观点和结论。

主体部分内容繁多、层次复杂，通常应选用恰当的结构来组织内容。具体来说，主体主要有以下 3 种结构。

（1）横式结构：又称“并列结构”，是把主要内容横向展开、平行排列的结构形式，即把调查报告所要介绍的经验、反映的情况、揭露的问题归纳成几个方面，加上小标题，分别阐述。这种结构的优点是结构清晰、重点突出、观点鲜明。

（2）纵式结构：又称“平叙结构”，即按照事物发生、发展的顺序或事物之间的逻辑关系分层次叙述，从调查对象的演变过程或前后变化中去发现其本质和规律。这种结构的优点是能把事件的来龙去脉、前因后果交代清楚。

（3）纵横式结构：又称“综合式结构”，是把纵式结构和横式结构综合起来运用的结构形式。也就是说，正文从整体来看是按照事物的发展顺序来写的，但在叙述的过程中，又对某些问题横向展开，逐一分析。撰写者在叙述事情经过时可用纵式结构，在表述认识和经验教训时可用横式结构。这种结构的优点是写法灵活、富于变化，能将繁杂的事物有条理地表述出来。

3）结尾

结尾是调查报告的结束语，一般比较简要。结尾可以提出意见或建议，也可以概括全文的主要观点，还可以展望前景、提出设想。若正文已将问题阐述清楚，则可以自然收束，不写结尾。

3. 落款

落款即在正文下方一行的右侧写明调查单位（部门）名称、调查者姓名及成文时间。调查单位（部门）名称或调查者姓名也可以写在标题下，居中排布。如果标题中已经写明调查单位（部门）名称，则落款处可以省略此项。

4. 附录

调查报告文末一般应列明调查时所用的资料、调查问卷，以及参考文献等。

（五）撰写调查报告时的注意事项

（1）材料要真实、充分。材料是撰写调查报告的基础。撰写者撰写调查报告时，应搜集大量的相关材料，从而为科学分析问题和准确提炼观点提供条件。

（2）观点和结论要明确、客观。在掌握了大量的相关材料之后，调查者应对其进行整理、鉴别、筛选、分析。通过认真分析和研究，找出事物的本质和规律，撰写者就能提炼出清晰的、具有普遍意义的观点和结论。

（3）观点和材料要统一。调查报告的观点必须来自材料，同时又必须统率材料，两者之间相互统一。如果材料游离于观点之外，那么材料就是多余的；如果没有材料支持观点，那么观点就不是客观的。

（4）语言要准确、平实。调查报告的语言应以准确、平实、清楚为本，并在此基础上力求生动。调查报告一般不用或较少使用比喻、夸张和借代等修辞方法，也不用华丽的辞藻，并且应当杜绝一切浮词虚言、空话和套话。

举例说明调查报告的重要性，并与同学进行交流。

范文赏析

【范文一】

湖州市率先实施转型金融改革
探索金融助力“双碳”目标新路径

（第 6 期）

金融改革处　　　　2023 年 10 月 27 日

> 报头写明简报名称、期数、编发单位和编印日期。
>
> 横隔线以下是报核。

转型金融是绿色金融的发展和延伸，是支持引导高碳行业绿色低碳转型的重大金融创新。相较于绿色金融重点支持绿色低碳的企业和项目，转型金融聚焦高碳行业向低碳转型，支持的对象是高碳高效企业，可有效补充绿色金融所无法覆盖的高碳领域。推动绿色金融与转型金融有序有效衔接，这是央行赋予湖州市的一项重点改革任务，也是碳达峰碳中和背景下金融支持绿色低碳发展的“双支柱”。2022 年以来，湖州市金融办会同市人行、国家金融监督管理总局湖州市监管分局、市发改委等有关市级部门、区县和金融机构，结合我市产业转型发展实际和绿色金融发展趋势，积极开展转型金融探索实践，形成多项首创性实践成果。

正文的前言部分说明为什么要实施转型金融。

一、坚持标准先行

将市委市政府关于绿色低碳发展的目标导向转化为金融标准指引、嵌入金融服务流程。出台全国首个区域性《转型金融支持活动目录》，围绕全市纺织、化纤等“8+1”类重点高碳行业，规划了 106 项低碳转型技术路径，为有效识别转型活动提供参考。在全国率先研制《重点行业转型目标规划指南》，逐个行业设置减排降碳、亩均税收等转型要求，作为转型金融的准入条件，引导企业在低碳转型过程中，实现高质量增长。率先制订《融资主体转型方案编制大纲》，为企业制订科学可信的转型方案提供标准化模板，帮助企业更好地获取金融支持。

正文主体部分内容紧扣主题，阐明实施转型金融的新路径。

二、创新金融服务

抢抓绿色金融改革试点机遇，推动银行机构成为总行的试点示范行，在信贷资源、产品创新、审批权限等方面争取定向支持。针对转型金融支持的重点行业企业，指导金融机构以“白名单”形式向上级行争取授信额度支持，创新“转型贷”“碳效贷”等系列碳金融产品，并依据转型效应，实施差别化利率定价和授信策略。例如，中国工商银行××分行将信贷资产分为绿色、棕色、转型三大资产篮，实行分篮施策、分层管理，对转型企业优先受理、优先审批。

三、强化政策激励

当前，转型金融仍处于起步阶段，亟须通过政策激励机制来促进其进一步发展。市金融办会同市人民银行积极争取央行碳减排支持工具、煤炭清洁高效利用专项再贷款等低成本资金，以优惠利率引导信贷资金投向低碳转型领域。会同市财政研究修订绿色金融 2.0 政策，拟对纳入转型金融支持企业清单、转型目标达到时序进度的企业给予贷款贴息补助，激发企业转型动力。

四、关注公正转型

无序转型可能会导致失业、通货膨胀等多种负面社会经济影响。为有效防范转型风险，推动可持续转型，在全国率先发布《公正转型评估办法》，指导企业准确评估转型活动对就业、供应链、物价等的影响，制订潜在负面社会经济影响的应对预案，并提出缓解措施，确保公正转型。

报：×××××××××，×××××××××，××××××××。
送：××××××，×××××，××××××，××××××。

（共印×××份）

横隔线以下为报尾，写明发送单位和印发份数。

（资料来源：湖州市人民政府金融工作办公室）

点评

该简报格式规范，简明扼要。报核部分突出了简报主题，详细地阐述了实施转型金融新路径等内容，如实地反映了改革情况。

【范文二】

关于中国新能源汽车发展的调查报告

> 标题写明调查对象、调查事项和文种。

> 前言简要阐述了调查背景和调查对象，阐明了基本观点，并概括了调查对象的基本情况。

20××年，中国新能源汽车产销量持续增长，政府政策支持力度进一步加大，技术不断创新，市场竞争激烈，行业格局逐渐明朗。

> 主体部分从销量、政府政策、技术创新、市场竞争、行业格局等方面展开叙述，并相应地阐述了撰写者的观点。

20××年，中国新能源汽车产销量继续保持快速增长。根据调查数据得知，20××年中国新能源汽车销量达到了×××万辆，同比增长了×%，其中纯电动汽车产销量达到了×××万辆，同比增长了×%。这一增长势头表明了中国新能源汽车行业的强劲发展势头，并且持续超过了传统燃油车市场的增长。

政府政策支持进一步加大，为新能源汽车发展提供了有力保障。20××年，中国政府进一步加大了对新能源汽车行业的支持力度，包括加大补贴力度、提高新能源汽车推广力度、加强基础设施建设等。这些政策的出台，为新能源汽车的发展提供了有力保障，进一步推动了行业的发展。

中国新能源汽车行业在技术创新方面取得了重大突破，包括电池技术、电动机技术、智能驾驶技术等。这些技术的不断进步，不仅提高了新能源汽车的续航里程和性能，而且降低了制造成本，进一步推动了市场发展。与此同时，市场竞争也日益激烈，更多新能源汽车品牌加入市场竞争，消费者的购车选择也更加广泛。

在过去几年的发展中，中国新能源汽车行业出现了许多新的品牌和企业，形成了相对竞争激烈的局面。然而，在20××年，行业开始出现整合与洗牌的趋势，一些小型企业退出市场，大型企业加大了市场份额。这意味着行业竞争将进一步加剧，规模更大的企业将更有竞争力。加上行业政策进一步规范和强化，中国新能源汽车行业的格局将进一步明朗。

> 结尾概括全文主要观点，同时展望了新能源汽车行业的未来。

综上所述，20××年是中国新能源汽车行业发展的关键一年，其销量的持续增长、政府政策的大力支持、技术的进步和市场竞争的激烈及行业格局的明朗化，都为中国新能源汽车行业的快速发展奠定了坚实基础。随着政策的不断完善和技术的不断创新，相信中国新能源汽车行业将迎来更加光明的未来。

（资料来源：百度文库，有改动）

点评

这是一篇专题型调查报告。正文写明了调查的事项，并在结尾给出了结论和展望，实践性较强。整篇调查报告结构完整，条理清晰，措辞讲究。

病文会诊

××街道“网格聚民意，服务暖民心”专题简报
——全力推进“国家反诈中心”App 安装

为营造浓厚的全民反诈氛围，进一步遏制电信网络诈骗案件的易发多发势头，近日，××街道综合治理办公室、××派出所联合市公安局刑警支队深入居民楼、石材企业等场所，以一对一的方式为群众讲解反诈的重要性、诈骗的手段及防范知识，并现场指导群众下载注册“国家反诈中心”App 软件，细心指导群众如何使用来电预警及网上报案等功能，进一步提高了群众防范电信网络诈骗的意识。

“国家反诈中心”App 是由公安部刑事侦查局开发的一款防诈骗手机软件，于 2021 年 3 月正式上线。这款 App 集报案助手、线索举报、诈骗预警提示、反诈宣传等多种功能于一体，可以帮助用户预警诈骗信息、快速举报诈骗内容、高效提取电子证据、了解防骗技巧，切实提升用户的识骗、防骗能力。当用户打开这款 App，它首先会提示用户选择具体到区或县的常住地，接着进入登录界面。除了直接输入手机号登录外，这款 App 还提供了微信、QQ 和微博 3 种登录方式。

凡是安装了这款 App 的用户，一接到电话就会有防骗提示。这就是“国家反诈中心”App 的来电预警功能。每当有陌生电话打进来，这款 App 就会通过大数据和人工智能技术，判断来电是否是诈骗电话，并给出“疑似诈骗电话”的示警。来电预警功能同样可以用来识别诈骗短信。

此次反诈宣传活动共发放宣传单 400 余份，指导 200 多名群众下载注册“国家反诈中心”App，有效筑牢了人民群众防范电信网络诈骗的“防火墙”。

（共印×××份）

【会诊提示】

（1）简报的结构要素不完整，缺少报头与报尾。

（2）简报主体部分对“国家反诈中心”App 的功能介绍过多，未紧密联系一对一讲解防骗知识和指导群众下载 App 的活动主题。

关于白色污染的调查报告

白色污染是人们对污染环境的塑料垃圾的一种形象称呼。它是人们使用过的各类生活塑料制品形成的固体废物。由于塑料难以降解处理，所以城市环境的污染越来越严重。

一、白色污染的来源

我校的白色污染来源有手提袋、饮料瓶、食品包装袋、一次性塑料盒、香肠皮、破

损的塑料脸盆和暖壶外壳等。

二、白色污染的防治

1. 停止使用一次性餐具及超薄塑料袋。一次性餐具不仅不利于环保，也是对资源的极大的浪费。我们在日常生活中，应拒绝使用超薄塑料袋装蔬菜或熟食，可将其换成菜篮子或较厚的塑料袋，并坚持重复使用，从而减少一次性塑料袋对环境的污染。

2. 回收废塑料并使之资源化。与其他材料相比，塑料有一个显著的优点，即可以回收利用。废塑料回收后，可先进行分类、清洗，再通过加热熔融，即可重新成为制品。例如，先将废塑料隔绝空气加热至高温，使之裂解，再将裂解产物进行分馏，可制得汽油与柴油。

3. 研究开发降解塑料。降解塑料具有与普通塑料同样的使用功能，但其化学结构可以在某些条件下发生变化，其高分子可分解成分子量较小的分子，最后，被自然环境所同化。

4. 加强环保宣传。提高公民的环保意识，在社会上形成良好的环保氛围，是解决白色污染及其他各种形式污染的前提。例如，要回收废塑料，就要实行垃圾回收分类制度，把不同类的垃圾放在不同的垃圾桶内，这就需要我们有高度自觉的环保意识。

三、对我校白色污染防治的建议

1. 学校应多宣传白色污染的危害，促使学生增强环保意识。

2. 学校应将垃圾进行分类、回收和集中处理，以减少白色污染。

3. 学校在白色污染严重的地方（如超市门口、学生食堂大门两侧、教学楼的通道处和运动场旁边等）增设垃圾箱。

4. 学生要主动学习环保知识，明确环保的重要性，不要随意扔垃圾，并从做好垃圾分类事务开始，积极参与环保实践活动。

【会诊提示】

（1）正文缺乏结构要素，且层次不分明，条理不清晰。前言部分没有写明调查背景、调查目的、调查对象等，主体部分没有说明调查的基本情况、事实分析和结论归纳。

（2）全文的语言风格不符合调查报告的特点，更像是一篇说明性文章。

（3）正文末尾所提的建议没有和调查事实结合起来，既缺乏针对性，又缺乏特色。

（4）落款处未写明调查单位名称、调查者的姓名和成文日期。

写作训练

请根据以下资料，开展调查并撰写一份调查报告。

调查内容：××市高校财经商贸专业毕业生的就业情况。

调查方法：问卷调查法。

问卷内容：被调查者的基本信息、就业情况、薪资情况等。其中，基本信息包括性别、专业、毕业时间等，就业情况包括工作单位、工作岗位、工作地点等，薪资情况包括工资水平、福利待遇等。

任务二 掌握财务分析报告的写作方法

职业场景

财务管理是企业运营中最重要也是最基础的部分。企业需要对资金的流动情况、经营成本的控制情况等进行全面的统计和分析，以此来了解资金的流向和使用情况，这有利于提高企业运营效率和盈利水平。在日常经营中，企业大多通过财务分析报告来实施上述活动。

请思考：财务分析报告有哪些种类？应如何撰写财务分析报告？

一、财务分析报告的概念

财务分析报告是指以财务报表为核心，采用一系列科学的方法和指标，对企业的财务状况进行分析和评价的财经报告文书。财务分析报告可以帮助利益相关者了解企业的盈利能力、偿债能力、营运能力和发展能力等方面的信息，从而使其做出正确的投资决策和管理决策。

二、财务分析报告的种类

财务分析报告的特点

（一）综合型财务分析报告和专题型财务分析报告

根据财务分析范围的不同，财务分析报告可分为综合型财务分析报告和专题型财务分析报告。

1. 综合型财务分析报告

综合型财务分析报告是一种全面评估企业财务状况的报告，它涵盖了企业财务计划、经济活动中各项指标的对比与评价，内容丰富，涉及面广，主要用于对企业本期或下期的财务状况进行分析，可以客观地反映企业经营活动中存在的问题，既能为管理决策提供依据，又能成为动态财务分析的历史材料。

2. 专题型财务分析报告

专题型财务分析报告是指对企业经营管理中出现的某项重大经济措施或变动专门进

行深入分析后形成的报告，其针对的是企业运营的一部分内容。专题型财务分析报告一般一事一议。例如，项目费用的支出情况、销售收入的变化、资金预算分析等内容均可作为专题型财务分析报告的主题。专题型财务分析报告多反映最近出现的或受到关注的财务问题，易引起管理者的重视，具有针对性强、效果佳和收效快的特点。

（二）定期财务分析报告和不定期财务分析报告

依据财务分析报告编制时间的不同，财务分析报告可分为定期财务分析报告和不定期财务分析报告。

1. 定期财务分析报告

定期财务分析报告是指根据上级主管部门或企业内部的规定，间隔相等的时间编制并上报的财务分析报告，如季度财务分析报告、年中财务分析报告、年终财务分析报告等。

2. 不定期财务分析报告

不定期财务分析报告是指报告的编制和上报没有固定的时间限制，通常从企业经营管理的实际需要出发编制并上报的财务分析报告。例如，针对某个项目或某个专题展开的财务分析报告就属于不定期财务分析报告。

三、财务分析报告的结构与写法

财务分析报告一般由标题、前言、主体和结尾构成。

（一）标题

财务分析报告的标题没有固定的格式，可根据具体内容来定，一般由“企业名称+年度+文种”构成，如“×××集团20××年度财务分析报告”；也可以由“事项+文种”构成，如“资产分析报告”“现金流量分析报告”等。

（二）前言

前言是整篇财务分析报告的提要，一般是对报告内容进行概述，说明所报告的时期内或特定财务领域的财务状况，以及撰写此报告的依据、目的和意义等，让读者对财务分析报告先有一个整体的认识。

（三）主体

主体部分应对企业的财务状况进行说明、分析和评价。其首先应说明企业的性质与财务概况，然后利用表格、图片或数据，展开生动的描述与分析。撰写者在进行分析时，应细化各项财务指标，抓住重点，突出需要分析的内容，说明财务指标的完成情况、取得的成绩、存在的问题及如何解决等。

（四）结尾

结尾应写明对企业财务状况进行分析与研究后的结论。撰写者应从财务管理的角度对财务状况进行客观的评价与预测，提出意见与建议，或有针对性地提出具体的、切实可行的整改措施，以供企业管理者参考。

四、撰写财务分析报告时的注意事项

（1）数据真实，分析客观。财务分析报告应基于真实、客观的数据和资料，采用科学的方法进行分析和评价，避免有主观臆断和偏见。

（2）内容全面，重点突出。财务分析报告应对企业的财务状况进行全面、系统的分析，不仅关注企业的财务数据，还要关注其反映的经营情况和风险状况。同时，财务分析报告内容应突出重点，针对重要的财务指标进行分析和评价，揭示对企业的经营和发展具有重要影响的内容。

范文赏析

范文	评析
××企业年度财务分析报告	标题写明文种。
本报告旨在为××企业的决策者、投资者及相关利益方提供关于企业20××年的财务状况、经营成果及现金流量的全面分析。通过深入的数据挖掘与趋势分析，本报告力求帮助各利益方更好地理解企业的财务状况，从而做出明智的决策。	前言概括了撰写报告的目的、意义，并对企业整体经营情况进行概述。
一、企业概况 ××企业成立于20××年，总部位于北京，是一家专注于国际贸易的企业。经过多年的发展，企业已形成了一定的规模，并积累了丰富的行业经验。 **二、财务状况分析** （一）资产分析 企业的资产总额在20××年呈现稳步增长，由年初的×亿增加至年末的××亿，增长了××%。流动资产占比维持在××%左右，固定资产占比为××%。其中，流动资产的增长主要来源于货币资金和应收账款的增加。 （二）负债分析 20××年，企业的负债总额为×亿，较年初略有下降。流动负债占比为××%，长期负债占比为××%。应付账款、短期借款和应交税费是负债的主要构成部分。 （三）所有者权益分析 所有者权益总额在20××年保持稳定，为××亿。未分配利润是所有者权益的主要构成部分，占××%。	主体部分对经济活动中的各项财务指标进行对比、评价，客观地反映了企业的经营活动情况。

（四）盈利能力分析

企业的营业利润率在20××年为××%，较上年同期提高了××个百分点。净利润率也有所提高，从××%上升至××%。这表明企业在维持收入增长的同时，成本控制得当，盈利能力增强。

（五）现金流量分析

经营活动产生的现金流量净额为××亿，投资活动产生的现金流量净额为××亿，融资活动产生的现金流量净额为××亿。现金流量整体保持稳定，能够满足企业的日常运营和扩张需求。

三、风险评估与对策建议

尽管企业在20××年取得了不错的财务效益，但仍需关注市场变化、政策调整和潜在的竞争压力。建议企业加强市场调研，优化产品结构，加强成本控制，以及合理安排融资活动。

预计企业在未来的几年内将继续保持稳健的发展态势。另外，建议企业抓住市场机遇，持续创新，提升核心竞争力，并注重风险防范与管理。

从20××年的财务数据来看，××企业在各个方面都取得了显著的进步。未来，企业需要继续关注市场动态和政策变化，以应对潜在的挑战并抓住新的机遇。

结尾提出存在的问题及相应的建议。

（资料来源：百度文库，有改动）

点评

这是一篇典型的财务分析报告。该报告首先对企业经营情况进行概述，然后引用具体数据，站在财务管理的角度展开具体的分析，并进行原因剖析，最后提出企业存在的具体问题及解决方案。其结构层次分明，格式规范。

病文会诊

年终财务分析

一、引言

财务分析报告是企业财务管理的重要组成部分，它有助于企业了解自身的财务状况，发现潜在的风险和机会，为未来的经营决策提供重要的参考依据。本报告旨在对本公司20××年的财务状况进行全面深入的分析，评估经营成果，揭示存在的问题。

二、公司概况

本公司是一家从事电子产品制造和销售的企业，成立于20××年，注册资本为××万元。经过多年的发展，公司已形成了较为完善的生产、销售和服务体系，产品在市场上具有一定的竞争力。

三、财务状况分析

（一）资产分析

截至 20××年××月××日，公司总资产为×××万元，比上年同期增长了××%。其中，流动资产为××万元，占总资产的××%；固定资产为×××万元，占总资产的××%。公司的资产结构较为合理，流动资产和固定资产的比例保持在一个较为稳定的水平。

（二）负债分析

公司负债总额为×××万元，比上年同期增长了××%。其中，短期负债为××万元，长期负债为××万元。

（三）利润分析

20××年，公司实现的净利润为××万元，比上年同期增长了××%。其中，主营业务收入为××万元，其他业务收入为××万元。公司的盈利能力较强，净利润的增长主要得益于主营业务收入的稳步增长和其他业务收入的增加。

四、存在的问题

公司主要存在以下 3 个问题：① 成本控制问题，虽然公司的收入和利润均有所增长，但成本的控制仍需加强；② 应收账款管理问题，公司的应收账款余额较大，存在一定的坏账风险；③ 投资决策问题，公司在投资方面存在一定程度的盲目性和随意性，导致部分投资项目未能取得预期的收益。

【会诊提示】

（1）标题未写明文种。

（2）正文中未对存在的问题提出合理的建议。

任务三　掌握可行性研究报告的写作方法

职业场景

可行性研究报告是评估项目可行与否的工具，它用于确定一个项目在技术、资金和市场等方面的可行性。常见的项目类型有新产品开发项目、新业务拓展项目、智能系统建设项目和新能源项目等。

请思考：请你从上述项目中选取一个项目，说一说此项目的可行性研究报告应包括哪些方面的内容，撰写时需要注意哪些事项。

一、可行性研究报告的概念

可行性研究是指在某一项经济活动实施之前，通过全面的调查和对有关信息的分析，以及必要的测算工作，对项目进行技术论证和经济评价，从而为决策提供科学依据的一种行为。反映可行性研究内容和结果的书面报告，就是可行性研究报告。

二、可行性研究报告的特点

（一）超前性

任何可行性研究报告都是在项目实施之前撰写的，因此其具有超前性。可行性研究报告能够运用科学的理论、方法和手段，对项目实施的可行性及可能遇到的问题，做出科学的预测和估量。

（二）专业性

可行性研究报告具有较强的专业性。可行性论证通常涉及基本建设、投入产出、公共设施、市场状况、环境保护和人员培训等多个方面的内容，每一个方面的论证都需要综合运用专业知识。

可行性研究报告的作用

（三）论辩性

可行性研究报告要对一个项目的可行性进行多方面的论证，以使结论令人心悦诚服。例如，《关于××技术必要性与可行性的论证》就应对技术的先进性、可靠性和适用性等进行论证。

（四）权威性

可行性研究报告的结论是在调查研究的基础上结合各种实际情况总结出来的，并非撰写者的主观臆想。因此，其相关判断是科学的，其结论和意见具有权威性。

三、可行性研究报告的种类

根据研究工作所处阶段的不同，可行性研究报告可分为机会可行性研究报告、初步可行性研究报告和详细可行性研究报告。

（一）机会可行性研究报告

机会可行性研究报告又称“项目建议书”，是对项目实施的初步建议，产生于可行性研究工作的初始阶段。机会可行性研究报告内容相对粗略，大部分内容借助已有的指标、数据和现有的工作成果进行估计，判断该项目有没有进一步深入研究的价值和必要。

（二）初步可行性研究报告

初步可行性研究报告应提出较为系统的设想，进一步判断和分析该项目是否合理、投资是否合算、还有哪些问题需要进行研究，为详细的可行性研究打下基础。如果初步研究结果认为该项目具有一定的可行性，便可转入详细的可行性研究；如果初步研究发现该项目不可行，便不必进行详细的可行性研究。

（三）详细可行性研究报告

详细可行性研究报告又称“最终可行性研究报告”，产生于确定某个项目是否可行的最后研究阶段。详细可行性研究报告要求将所有与项目实施相关的因素综合起来加以分析、论证，从而提出完备的方案，为项目决策提供技术和经济两个方面的充分依据。

四、可行性研究报告的结构与写法

可行性研究报告通常由标题、正文和附件构成。

（一）标题

标题一般采用公文式，由编写单位、项目名称和文种构成，如“××省建设设计院关于扩建××开发区的可行性研究报告”“××公司关于新产品投入市场的可行性研究报告”等；也可省略编写单位，突出项目名称，简化文种，如“关于新建××水泥厂的可行性研究”。

（二）正文

正文通常包括以下几个方面的内容。

1. 项目总览

项目总览应写明项目的基本情况、项目提出的依据和报告的内容范围，阐述项目实施的必要性和意义，及其如何满足某些需求或解决特定问题。

2. 市场分析

这部分内容应写明目标市场的需求、竞争态势、市场发展趋势及潜在的增长机会。此外，这部分内容还应明确项目的市场定位和竞争优势。

3. 技术可行性

这部分内容应说明技术的成熟度、适用性及其实现项目目标的可行性。同时，这部分内容还应分析技术的生命周期及其对市场变化的适应性。

4. 经济可行性

这部分内容应写明项目的经济效益，包括项目的预期收入、成本、利润及投资回

报率等。

5. 社会影响

这部分内容应探讨项目可能产生的社会影响，包括对环境、社区发展、就业机会的影响及对地方经济的贡献等。

6. 风险评估

这部分内容应分析项目面临的各种风险，包括技术风险、市场风险和财务风险等。

7. 结论和建议

结论即可行性研究的结果。如果项目可行，则结论应提出实施项目的具体步骤和策略；如果项目不可行，则结论应提出改进或替代方案。

（三）附件

有一定的参考价值或补充作用的材料（如统计表、设计图纸、专题说明材料等）若不宜放在正文中，则可作为附件放在报告的最后。如果没有这样的材料，则可行性研究报告也可以不设附件。

五、撰写可行性研究报告时的注意事项

（1）充分占有材料。可行性研究报告涉及的内容较为广泛，需要系统、详细的材料支持。撰写者必须充分占有材料才能进行分析、论证，得出合乎实际的结论。

（2）观点直接、鲜明。可行性研究报告应直截了当地表明观点，做出是非判断，态度不能模棱两可。

（3）论证逻辑严密。可行性研究报告的论据应充分，所有数据、材料应准确。撰写者应在此基础上精确计算，严密推论，确保论证无逻辑错误，且说服力强。

（4）坚持实事求是。可行性研究报告应尊重客观事实，根据实际情况来撰写。撰写者不能只关注有利因素而忽视不利因素的存在，从而影响结论的客观性和科学性。

××产品加工厂建设项目可行性研究报告（提纲）

项目名称：……

编制单位：……

编制负责人：……

日期：××××年×月××日

一、总论

（一）立项的背景情况

（二）根据和范围

> 标题写明项目名称和文种。
>
> 正文开头列明项目名称、报告编制单位、编制负责人等信息，并写明成文日期。

二、需求预测和拟建规模

（一）现有生产能力

（二）市场对××产品的需求情况

（三）销售预测

（四）拟建规模与产品方案

（五）工程建设及投产进度

三、资源与能源条件研究

（一）原材料及燃料供应

附表1．各种原材料及燃料的需要量和成本

（二）能源供应（给排水、电力、热力、供气）

附表2．能源需要量及成本情况表

四、厂址选择

（一）厂区自然条件（工程地质、气温及相对湿度、风雨雪等）

附表3．各厂址自然条件比较

附表4．各厂址投资费用比较

附表5．各厂址经营费用比较

（二）厂房构成及建筑面积

附表6．厂房设计方案

五、方案设计

（一）指导思想

（二）工艺流程及设备

（三）设备选择方案比较

1．报价

附表7．外国及国内设备报价

2．技术性能及指标

3．生产能力

4．劳动定员

六、环境保护与安全措施

（一）环境保护

1．环境污染带来的问题

2．污染物治理工艺及排放形式

3．环境执行标准

（二）安全措施

七、投资估算及经济效益评价

（一）基本数据

1．工厂生产规模及年产量

2．总投资（包括基本建设和流动资金）

附表8．基建投资估算表

附表9．资金来源

3．产品成本

附表10．各年××产品成本计算表

4．产品销售收入及销售利润

附表11．各年××产品销售收入计算表

附表12．各年××产品销售利润计算表

5．其他经济指标

主体部分从需求预测和拟建规模、资源与能源条件研究、厂址选择、方案设计、环境保护与安全措施、投资估算及经济效益评价这6个方面进行技术论证、方案对比和经济评价，为后续的结论打下基础。

（二）经济评价

1. 经济评价的基本依据

2. 资金平衡及贷款偿还期的计算

附表 13. 贷款偿还期计算表

3. 企业投资利润率和投资收益率

4. 内部收益率计算

附表 14. 企业内部收益率计算表

5. 投资回收期

附表 15. 投资回收期计算表

6. 不确定性分析

（1）固定成本和变动成本的测算

（2）盈亏平衡点测算

附表 16. 盈亏平衡分析计算表

（3）敏感性分析

附表 17. 敏感性分析表

八、研究结论

最后水到渠成地写出论证结论。

（资料来源：百度文库，有改动）

点评

可行性研究报告是为申请立项所写的研究报告，一般篇幅较长。这里列出一份典型的可行性研究报告的提纲，目的是使读者了解应从哪些方面进行项目的可行性论证。

病文会诊

养老服务机构建设可行性报告

一、办院可行性分析

养老服务业是一个投资回收周期比较长的行业，对此，投资者要有清醒的认识。进行可行性分析时要考虑的因素主要有以下几个方面：目前本地区同行业总量（床位数）及分布情况，本地区老人及家庭经济状况，其他养老服务机构的入住情况，地理位置的交通和环境情况，等等。

影响盈亏的主要因素是入住率和服务成本。这里的服务成本是指为老人服务所必须支出的费用，包括房租、水电煤气费、护工工资、办公费用、维修费和大型资产折旧费等。预期入住人数与收费的乘积减去服务成本的结果即盈亏数额。其中，收费项目主要有床位费、生活费和取暖费 3 项，养老服务机构也可就其他服务项目收取约定的费用。

开办养老服务机构的风险主要有以下几个方面：一是入住率的不足，房租、人工费和取暖费等硬性开支不能得到有效摊薄，导致开办 1 年内甚至更长时间内处于净投入状态，不能实现资产的良性循环；二是入住老人的收费风险，老人或其子女的财务状态恶化等因素可能导致入住老人不能及时续费，养老服务机构又不能强行将老人赶出门，从而导致垫付费用的局面；三是老人的意外伤害风险，老人属高发意外伤害和突发死亡率较高的人群，一旦产生纠纷，诉讼和调解会给养老服务机构带来人力和物力上的负担。

下面以××市养老服务机构现状为例，分析开办养老服务机构的可行性。

（一）从市场角度分析

××市是个适合老年人养老的城市……全市现拥有养老服务机构 86 家，床位共计 3 500 余张，刚刚达到老年人口千分之二的最低要求。因此，养老行业还有很大的发展空间。

（二）目前养老服务机构发展评价

××市养老服务机构的规模发展较慢，总体运营水平不够高。具体来讲，××市各种规模养老服务机构的现状如下。

（1）百床以上规模较大的养老服务机构，收费较低（全部费用 800 元以下）的入住率一直很高，床位全年紧张……前期投入较大……配套设施齐全。

（2）百床以上收费在 1 000 元左右的养老服务机构……存在一定程度的入住率不足……市场前景看好。

（3）30 张床位至 100 张床位之间的中等规模养老服务机构是××市养老服务机构的主流。这部分养老服务机构……经历了前期的经验积累期，多数实现了盈利。

（4）30 张床位以下的小型养老服务机构，也称“家庭式养老院”，这种养老服务机构经营形式灵活，前期投入较小，特别适合在生活小区内建设……这种养老服务机构在本市经营平均状况较差，对经营者的运营水平和承受压力的能力挑战较大，每年都有因不能通过年检而被淘汰的养老服务机构。

二、收支情况分析

下面以 50 张床位、4 人间养老服务机构为例，分析养老服务机构收支情况。

（一）开办养老服务机构前期的投入（略）

（二）养老服务机构年度运营投入（略）

（三）养老服务机构收入预测（略）

（四）养老服务机构经营状况评估（略）

三、开办养老服务机构相关手续

（一）开办养老服务机构应具备的条件（略）

（二）开办养老服务机构应提交的材料（略）

（三）开办养老服务机构应办理的手续（略）

（四）养老服务机构享受优惠和社会资源利用（略）

【会诊提示】

（1）该可行性研究报告缺少前言部分。正文没有写明计划开办的养老项目的名

称、主办单位、技术和经济负责人、进行可行性研究的人员、报告的内容范围、报告所持观点等。

（2）正文论证内容不够全面。正文仅从养老服务机构开办现状、收支情况、建设条件进行了可行性分析，未提及地址方案、建设方案、实施计划、社会效益、人员管理及培训等情况，使得可行性分析缺乏足够的说服力。

（3）该可行性研究报告缺少结论部分。正文没有写明研究结论，使得前文的可行性分析论证缺乏落脚点。

写作训练

几名在校大学生准备创立与动漫周边业务相关的网络店铺，宗旨是满足大学生日益增长的动漫周边产品的需求，同时为动漫周边产品推广做出贡献。请你为该项目拟写一篇可行性研究报告。

项目自测

一、不定项选择题

1. 财经报告文书的作用有（　　）。

A. 提供全面的财经信息　　B. 辅助投资决策

C. 树立企业良好形象　　D. 促进经济发展

2. 简报通常由（　　）构成。

A. 报头　　B. 报核

C. 报芯　　D. 报尾

3. 下列有关简报撰写时的注意事项的说法，正确的是（　　）。

A. 抓准问题，有的放矢　　B. 材料准确，内容真实

C. 简明扼要，一目了然　　D. 内容实在，言之有物

4. 调查报告的特点有（　　）。

A. 真实性　　B. 普遍性

C. 针对性　　D. 典型性

5. 下列有关调查报告的说法，错误的是（　　）。

A. 调查报告的观点和结论要正确、客观

B. 调查报告中的观点要与提供的材料相统一

C. 调查报告可分为专题型调查报告、综合型调查报告、理论研究型调查报告等

D. 反映新生事物型调查报告侧重于反映社会、经济活动中存在的某些问题

6. 根据范围的不同，财务分析报告可分为（　　）。

A. 综合型财务分析报告

B. 专题型财务分析报告

C. 定期财务分析报告

D. 不定期财务分析报告

7. 可行性研究报告的特点有（　　）。

A. 超前性　　B. 专业性

C. 论辩性　　D. 权威性

二、简答题

1. 简述财经报告文书的写作要求。
2. 简述调查报告的结构与写法。
3. 简述财务分析报告的结构与写法。
4. 简述可行性研究报告的种类。

项目评价

全班同学每 5 人一组，结合写作训练与项目自测的完成情况，按照表 6-1 的评价标准，对本项目的学习情况进行自评和互评，并请老师进行总体评价。

表 6-1　考核评价表

考核内容	评价标准	分值	评价得分		
			自评	互评	师评
知识与技能考核（60%）	能够复述财经报告文书的概念和作用	5			
	能够简述财经报告文书的写作要求	5			
	能够复述简报、调查报告、财务分析报告和可行性研究报告的概念，并能举例说明它们各自的作用	15			
	掌握简报、调查报告、财务分析报告和可行性研究报告的结构与写法	20			
	明确调查报告、简报、财务分析报告和可行性研究报告的写作注意事项	15			
过程与方法考核（20%）	课前主动预习，积极搜集各类财经报告文书范文	5			
	认真分析所搜集的财经报告文书范文的作用、结构和语言特点	5			
	积极参与课堂讨论，并与同学交流自己的观点	5			
	认真完成课后作业，注重写作体验，善于通过模仿提高写作水平	5			
综合素养考核（20%）	会欣赏蕴藏于财经应用文中的美，增强文化自信	5			
	具备数据分析能力	5			
	说话条理清晰、有理有据	5			
	提升对信息的洞察力和判断力，增强思辨能力	5			
总评	自评（20%）+互评（20%）+师评（60%）=	教师（签名）：			

项目七

点指画字，深入浅出——财经契约文书

素养目标

（1）具备较强的时间观念，能够及时跟进工作进度。

（2）培养吃苦耐劳、持之以恒的精神。

知识目标

（1）了解财经契约文书的概念、作用和写作要求。

（2）了解意向书、协议书、招标书、投标书、经济合同的基础知识。

（3）掌握意向书、协议书、招标书、投标书、经济合同的结构与写法。

能力目标

能够按照要求撰写意向书、协议书、招标书、投标书和经济合同。

财经契约文书概览

一、财经契约文书的概念

财经契约文书是指各方为了自身的经济利益，在平等商洽的基础上，以文字的形式将共同议定的事项记录下来并签署的，具有不同约束力的财经应用文书。财经契约文书主要包括意向书、协议书、招标书、投标书和经济合同等。

二、财经契约文书的作用

（一）记录经济活动

财经契约文书是记录经济活动的重要工具。在商品交易、投资合作、金融信贷等财经活动中，各方需要通过契约文书来明确彼此的权利和义务，同时记录下活动的具体内容和关键信息，以便为相关工作的开展提供依据。

（二）规范交易行为

财经契约文书具有规范交易行为的作用。财经契约文书详细说明了交易的对象、时间和规则等，并经各方签字确认，能够促使各方按照公平、公正、合理的原则进行交易，从而有利于市场经济的稳定和健康发展。

三、财经契约文书的写作要求

（一）明确主题和目的

在撰写财经契约文书时，撰写者首先需要明确文书所涉及的主题和目的。主题是指财经契约文书涉及的经济活动类型，如项目投资、房屋买卖等；目的是指财经契约文书想要达到的效果，如明确交易各方的权利和义务、保障交易顺利完成等。财经契约文书在撰写过程中要紧紧围绕主题和目的展开，确保内容与主题、目的保持一致。

（二）用语规范，表述严谨

财经契约文书应使用规范用语，并确保准确无误地表达各方的思想。具体来说，撰写者在撰写财经契约文书时应使用专业术语、规范的缩写和通用的格式，避免表述产生歧义或语义模糊。同时，财经契约文书的语言应简洁明了，避免使用冗长的句子，以确保文书易于读者阅读和理解。

（三）内容完整无误

财经契约文书应确保内容完整无误，尤其是图表、数据均应正确、无残缺。同时，撰写者还要注意文书内容的逻辑关系，确保各个部分衔接自然、协调一致。此外，撰写者还需对财经契约文书的文字进行反复修改和校对，确保语句通顺，标点符号使用恰当。

任务一　掌握意向书的写作方法

职业场景

××科技有限公司与××贸易集团共同召开了一次重要会议，就某一重大项目的合作进行了深入的交流和磋商，并达成了多项共识。小代是××科技有限公司的一名文员，领导要求小代根据会上探讨的内容和达成的共识，撰写一份项目合作意向书。

请思考：意向书应包含哪些内容？小代应如何撰写意向书？

一、意向书的概念

意向书是指在签订协议书或经济合同之前，由合作各方签署的表示合作意愿的财经文书。意向书的内容包括各方当事人对合作的设想、观点或打算。相对于协议书和经济合同而言，意向书通常不具备法律效力。

二、意向书的特点

（一）协商性

意向书是有意合作的各方当下协商的产物，也是其今后合作的基础。意向书多用商量的语气，不带任何强制性。意向书在签署之后，仍然允许各方协商修改，所以其内容往往和最终签订的合同的内容有出入。

意向书

（二）限制性少

虽然意向书在形式上与协议书、经济合同等具有一定的相似性，但它只是协议书、

经济合同签署的基础，在数量、日期等具体问题上的约定、限制较少。

（三）内容笼统

意向书中的条文仅仅表明各方对合作的兴趣或态度，是对结果不确定事件的前瞻性的设想，所以意向书的内容相对较为笼统。

（四）临时性

意向书只是表达合作的倾向，为各方今后的合作做铺垫的财经契约文书。一旦合作各方确定了自身的权利和义务，意向书的使命便结束了。

三、意向书的结构与写法

意向书一般由标题、正文和落款构成。

（一）标题

意向书的标题通常有以下 4 种结构形式。

（1）合作单位+项目名称+文种，如“北京××公司、河北××贸易集团共同销售××建筑材料的意向书”。

（2）合作单位+文种，如“××商贸公司与××家政服务公司合作意向书”。

（3）项目名称+文种，如“兴办××律师事务所的意向书”。

（4）直接使用文种名称，即“意向书”。

（二）正文

正文通常由导言、主体和结尾构成。

1. 导言

导言通常要说明以下几个方面的内容：① 签订意向书的单位（企业）；② 意向书的指导思想和政策依据；③ 意向书需要实现的总体目标。导言的结束语通常是具有承上启下作用的惯用语，如“双方就有关事宜，达成如下意向”等。

2. 主体

主体部分应写明各方协商一致的具体事项，一般以条文形式表述，内容包括合作项目的名称，拟定的经营地址，合作项目的规模、经营范围和品类，合作各方的出资比例、利润分配和亏损分担，原料、设备、技术、用地由何方提供，合作项目的实施步骤、领导体制，合作的期限等。

3. 结尾

结尾应写明意向书的份数、保存情况等事项，也可以写上“未尽事宜，在签订正式协议书或合同时再予以补充”等语句。

（三）落款

意向书的落款应包含各方当事人的法定名称、谈判代表的签名、签订意向书的日期等。

四、撰写意向书时的注意事项

（1）撰写者应对合作涉及的细节问题做粗略表述，仅阐述合作意向。

（2）意向书中不能有与现行法律法规和经济政策相抵触的内容，也不能随意向对方承诺上级部门才能决定或职能部门才可解决的事项。

（3）意向书只是谈判初级阶段的成果而不是最终的成果，所以它的内容应允许保留分歧。

课堂互动

意向书对合作各方来说有哪些好处？

范文赏析

关于合作兴办一次性餐具加工厂的意向书

××省××包装印刷厂（以下简称“甲方”）与山东××贸易公司（以下简称“乙方”）本着平等互利的原则，先后于20××年3月2日、20××年4月5日两次就合作兴办一次性餐具加工厂事宜进行了协商，达成如下合作意向。

1. 双方依据《中华人民共和国民法典》及其他有关规定合作兴办一次性餐具加工厂。合作企业名称暂定为“××快餐餐具有限责任公司”。

2. 甲方以现有厂区东部的叁个车间、壹幢办公楼、叁拾伍亩厂区空地和其他生产生活资料作价入股。作价入股股份的计算以双方认可的资产评估机构、土地评估机构的评估结果为准。乙方一次性投入人民币陆佰万元，用于购买全套一次性餐具生产机器肆套、生产和工作用车伍辆，现有企业改造和企业生产周转金。具体投入数额视甲方资产、土地作价情况而定。甲乙双方的投资比例为甲方占59%，乙方占41%。

3. 合作企业的主导产品是纸质饭盒、纸碟、纸碗、纸杯等各式纸质餐具，预计年产量为1.7亿只。其中63%由乙方负责出口销售。

4. 甲方负责合作企业的申报立项、工商登记注册、场地设施改造和财产保险等工作，乙方负责提供和安装设备、培训技术人员、提供国际市场信息。

> 标题写明项目名称和文种。
>
> 开头写明签订意向书的单位名称，以及意向书的指导思想，进而引出合作意向的具体内容。
>
> 意向内容以条文形式表述。其首先明确了法律依据和即将设立的企业的暂定名称；然后列明双方的投资形式和投资比例，合作项目的规模、经营范围和品类，双方各自负责的事项，合作期限，产品价格制订规则，固定资产残值归属和利润分配，以及纠纷解决方案等。
>
> 以上内容不涉及具体细则，只是为日后签订合同奠定了基础。

5. 合作期限为伍年整。期满后如需继续合作，应经双方协商同意。

6. 产品价格由双方协商确定。所需原材料根据出口需要，可由乙方进口，或由甲方在国内解决。

7. 合作期满后，其固定资产残值归甲方所有。

8. 双方按认可的投资比例分配利润及承担亏损责任。

9. 未尽事宜，双方在今后协商补充。甲乙双方在完成合作办厂的准备工作后，约定时间进行磋商，签订正式合同。

10. 本意向书一式六份，双方各执三份。

甲方：××省××包装印刷厂（公章）乙方：山东××贸易公司（公章）

代表：孟××　　　　　　　　　代表：李××

日期：20××年4月5日　　　　日期：20××年4月5日

落款处写明意向双方的单位名称、代表人姓名和签订意向书的日期，并加盖公章。

点评

这是一份合作建厂的意向书。导言简洁、明确。主体部分以条文的形式（共10条）表述了合作双方达成的具体意向，且内容较为粗略，不像经济合同那样详细、具体、周密。全文措辞严谨，以协商的语气来表述双方达成的具体意向。落款内容齐全，格式规范。

病文会诊

办公室装修意向书

甲方：××金融投资集团

乙方：××装饰工程有限公司

甲乙双方在平等、自愿、协商一致的基础上达成如下意向，并共同遵守。

一、基本情况

施工地点：××市××路××号××写字楼

施工面积：××平方米

二、装修意向金的支付及使用要求

（1）甲方向乙方支付人民币伍万元整装修意向金，意向金在双方签订正式合同时转为工程款。

（2）如果在支付意向金后5天内未签订正式合同，那么乙方可在甲方同意后方进行施工设计，并提供全套施工设计图。

三、意向书的生效时间

本意向书甲、乙双方签字盖章后生效。

甲方：××金融投资集团（盖章）　　乙方：××装饰工程有限公司（盖章）

地址：××市光明路36号　　地址：××市胜利路18号

联系方式：××××××××　　联系方式：××××××××

签订日期：20××年××月××日　　签订日期：20××年××月××日

【会诊提示】

（1）意向书正文的主体部分太过简略，既未写明在“交付意向金后5天内未签订正式合同”的情况下意向金的使用要求，也未写明剩余工程款的支付约定、装修材料与设备的提供与使用、装修的实施步骤、装修期限等信息，不利于日后签订正式合同。

（2）结尾未写明意向书的份数、保存情况等事项，以及“未尽事宜，在签订正式合同或协议书时再予以补充”等语句，应当补充相应表述。

（3）落款处未写明合作双方签订意向书的负责人姓名。

写作训练

请根据“职业场景”中的信息和以下资料，适当补充部分内容，拟写一份意向书。

××科技有限公司与××贸易集团商洽的内容包括项目规划、技术开发、市场推广和资金支持，还有人员配备、预算制订、时间规划和风险管理等。

任务二　掌握协议书的写作方法

职业场景

因工作需要，小刘被调到了新部门。他在新部门的主要工作是跟随部门领导参加各类项目会议，与合作单位商洽合作事项，撰写协议书、经济合同等。最近，小刘在向部门前辈张老师学习协议书的写作方法。

请思考：协议书的结构有哪些？张老师应如何教授小刘撰写协议书？

一、协议书的概念

协议书是指企事业单位、团体或个人就某个问题进行谈判或协商并取得一致意见后，订立的一种具有法律效力的财经契约文书。

二、协议书的特点

（一）协商一致性

协议书表达的是当事各方就某一问题进行协商后的一致意见，具有明显的协商一致性。

（二）合法性与约束力

协议书是基于相关法律法规和政策的规定，由各方当事人自愿签订，表明各方愿意承担相应的义务，具有约束力。协议书一旦签订，各方就必须按照协议书的约定履行各自的义务。

三、协议书的结构与写法

协议书与意向书的区别

协议书一般由标题、正文和落款构成。

（一）标题

协议书的标题通常有以下两种形式。

（1）由事由和文种构成，如“租赁协议”“技术合作协议”等。

（2）直接以文种名称命名，如“协议”“协议书”。

（二）正文

正文一般由开头和主体构成。

1. 开头

开头应写明签订协议的各方的单位名称、负责人姓名等，并分别用“甲方”“乙方”表明。有的协议书还要写清楚签订协议人的身份证号、电话号码等。开头的结尾处常用“经双方充分协商，达成如下协议”等语句来引出正文的主体。

2. 主体

主体部分应写明各方在协商之后所达成的一致意见，即协议的具体内容，如签订协议各方的权利及其各自承担的责任与义务等，可采用条文的形式来写作。

（三）落款

落款应写明立约各方的单位名称，负责人的姓名，以及签订协议的日期。有的协议书还要求见证方签字或盖章。

四、撰写协议书时的注意事项

（1）协议事项要清晰。协议书中的事项应明确，包括各方达成的共识，各方的权利和义务、违约责任等。

（2）内容完整、准确。协议书中的内容应完整，包括协议的有效期、生效条件、解除条件等。此外，协议书还应包括与协议相关的其他文件，如各类凭证和证明文件等，以确保协议书的完整性和准确性。

（3）语言简洁明了。在撰写协议书时，撰写者应使用简洁明了的语言，避免使用结构复杂的句子和专业术语。同时，撰写者应确保语言符合语法规范，避免因表述不当而引起读者误解或产生歧义。

范文赏析

租赁协议书

（标题写明文种。）

甲方（出租方）：×××××

乙方（承租方）：×××××

甲乙双方同意按照以下条款签订本租赁协议，并共同遵照执行。

（正文开头写明甲乙双方的单位名称。）

一、租赁物件

乙方拟租赁×××（以下称“租赁物件”）。甲方同意其支付设备价款及有关费用共计人民币××万元（大写），在购进租赁物件后租给乙方使用。

（正文主体介绍了协议的具体内容，并逐条说明协议期间甲乙双方的权利、责任。）

二、租赁期限和租金支付

租赁期限自20××年×月××日起至20××年××月××日止。

乙方应按照约定支付租金，支付方式为银行转账。

乙方如要续租或提前结束租赁，应提前 1 个月通知甲方。如需要续租，应按照双方约定的租金进行续租；如提前结束租赁，应按照约定的条款结算实际租金。

三、租赁物的使用和保管

乙方应按照约定的用途使用租赁物件，并承担日常维护和保养费用。

乙方不得将租赁物件用于非法用途或转租给第三方使用。若发现乙方违反约定使用租赁物件，甲方有权立即收回租赁物件并要求乙方承担相应的责任。

在租赁期满或提前结束租赁后，乙方应将租赁物件归还给甲方。如需继续使用，应与甲方重新签订租赁协议。

四、保证金和违约责任

乙方应在签订本协议时向甲方支付保证金×万元。如乙方未按时支付保证金，甲方有权解除本协议。

甲方如未按时提供租赁物件，应承担违约责任并赔偿乙方因此造成的损失。

乙方如未按时支付租金或违反本协议中的任何条款，甲方有权要求乙方立即支付未付租金和违约金，并有权立即收回租赁物件。如租赁物件已被转租或用于非法用途，甲方有权要求第三方立即停止使用并赔偿甲方的损失。

五、争议解决方法

如因本协议引起的或与本协议有关的任何争议，双方应首先通过友好协商解决；协商不成的，任何一方均有权向有管辖权的人民法院提起诉讼。

六、其他条款

本协议一式两份，甲乙双方各执一份，具有同等法律效力。

本协议自甲乙双方签字（或盖章）之日起生效。

本协议未尽事宜，可由甲乙双方另行协商补充。补充协议与本协议具有同等法律效力。补充协议应与本协议一并签署。

甲方：×××××（公章）　　乙方：×××××（公章）
甲方负责人：××　　乙方负责人：××
××××年×月×日　　××××年×月×日

落款处为双方代表签名及签订意向书的日期。

点评

这篇租赁协议书格式规范，写明了各方在协商之后所达成的一致意见，是一篇值得参考的协议书范文。

病文会诊

合伙经营协议书

第一条　甲乙双方自愿合伙经营×××项目，总投资为×万元，甲方出资×万元，乙方出资×万元，各占投资总额的×%、×%。

第二条　甲乙双方依法组成合伙企业，由甲方负责办理工商登记。

第三条　本合伙企业经营期限为5年。如果需要延长期限，则应在期满前6个月办理有关手续。

第四条　合伙双方共同经营、共同劳动，共担风险，共负盈亏。

第五条　他人可以入伙，但须经甲乙双方同意，并办理增加出资额的手续和订立补充协议。补充协议与本协议具有同等效力。

第六条　出现下列事项，合伙终止。

（一）合伙期满；

（二）合伙双方协商同意；

（三）合伙经营的事业已经完成或无法完成；

（四）其他法律规定的情况。

第七条　本协议未尽事宜，双方可以补充规定，补充协议与本协议具有同等效力。

合伙人甲：×××（签字）

合伙人乙：×××（签字）

【会诊提示】

（1）正文开头未写明甲乙双方的基本情况，正文主体未写明利润分配及债务负担的具体方式。

（2）落款处未写明签订协议书的日期。

写作训练

请根据下列资料，适当补充相关内容，拟写一份材料检测协议书。

××公司计划寻求有资质的第三方机构对其材料供应商提供的材料进行检测。如果检测结果符合××标准，则检测费用由该公司负担；否则，检测费用由材料供应商负担。

任务三　掌握招标书、投标书的写作方法

职业场景

××机械产品质量监督检验中心就检验检测设备进行公开招标。招标书内容如下。

检验检测设备招标公告

受……委托，我中心现就所需检验检测设备进行公开招标，欢迎各供应商参与。

一、项目编号

市采公字〔20××〕031号

二、项目名称

检验检测设备

三、招标内容

1. 本次招标共6包，供应商可投1包，也可全投。

第1包：计量检测设备（包括三坐标测量机、综合安规测试仪、电力质量分析仪各1台）；

…………

第6包：……

2. 招标范围包括：设备供应、运输、安装及售后服务。

3. 交货时间：20××年5月28日前。

四、合格投标者

1. 符合《中华人民共和国政府采购法》第二十二条规定的条件。

…………

五、招标文件售价

600 元人民币。

六、招标文件出售时间

20××年 4 月 17 日至 20××年 5 月 6 日（公休日不办公）。

七、招标文件领取方式

有意参与本次招标的供应商可直接到我中心或通过银行电汇标书费购买招标文件。供应商必须先向我中心提供投标企业法人营业执照（副本）复印件和投标企业法人身份证（正反两面）复印件各一份……

八、时间安排

投标时间：……

开标时间：……

逾期送达或不符合规定的投标文件恕不接受。

九、地点安排

投标文件递交及开标地点：……

十、关于本项目技术咨询、澄清要求等，请按照以下方式联系

联系地址：××市××区××路×号××××采购中心×室

…………

请思考：上述招标书的结构是否完整？撰写招标书时需要注意哪些事项？

一、招标书

（一）招标书的概念

招标书是指招标者为选择合适的项目承包人或合作者而对外公布有关招标的项目、范围、内容、条件、要求的财经文书。招标书是一种告示性文书，是为了使投标方可以根据招标书的内容做好准备工作，同时指导招标者顺利开展招标工作。

（二）招标书的特点

1. 公开性

招标书是在一定范围内借助大众传播方式公开发布的，以吸引众多投标者进行投标，从而帮助招标者在更大的范围内找到理想的合作伙伴。

2. 公平性

招标书中的条款对所有投标者都是公平的，不会给予某个投标者特殊待遇。这是招

标过程公正、公平的重要保障。

3. 紧迫性

由于招标书要在短时间内获得结果，因此其具有时间紧迫性。

（三）招标书的结构与写法

招标书一般由标题、正文和落款构成。

1. 标题

招标书的标题可以分为以下 3 种结构形式。

（1）招标单位名称+招标项目名称+文种，如“××有限责任公司办公自动化设备采购项目招标文件”“××局××地质调查中心 20××年仪器设备采购项目招标公告”等。

（2）招标单位名称+文种，或招标内容+文种，如“××集团项目招标书”“××系统软件开发项目招标文件”。

（3）直接以“招标书”“招标公告”命名。

招标书的分类

2. 正文

招标书的正文由前言和主体构成。

1）前言

前言应写明招标的目的、依据及招标项目的名称。

2）主体

主体部分应写明招标的具体内容，包括招标方式（公开招标、内部招标、邀请招标）、招标范围、招标程序、招标的具体要求、双方签订合同的原则、招标过程的组织和领导，以及其他注意事项等。上述内容一般采用条文式列出。

此外，为了使正文看起来简洁，一些繁杂的内容（如项目的具体信息、工程一览表、设计勘察资料等）可作为附件附于正文之后。

3. 落款

落款处应写明招标单位的名称、联系人、地址、联系方式和邮政编码等信息，以便投标者联系。

（四）撰写招标书时的注意事项

（1）招标书的写作目标要明确。只有目标明确，才能确保招标书准确、清晰地传达招标需求。

（2）招标要求应清晰。撰写者应根据招标目标，写明相应的招标要求。只有招标要求明确、合理，才能吸引符合条件的投标者参与竞标。

（3）设定合理的时间范围。招标书需要明确时间范围，包括投标截止时间和开标时间等。合理的时间范围，有利于投标者有足够的时间准备和提交投标书。

二、投标书

（一）投标书的概念

投标书是指投标单位按照招标书的条件和要求，向招标单位提交的包含详细方案、报价和清单等内容的财经文书。投标书是对招标书的响应，同时也是招标单位选择最佳合作伙伴的依据。

（二）投标书的特点

1. 规范性

投标书是一种规范性的财经文书，必须按照一定的格式和要求进行撰写，包括封面、目录、正文和附录等部分，以提高投标单位中标的概率。

2. 针对性

投标书是针对招标书的内容撰写的，具有较强的针对性。投标书的针对性主要表现在以下两个方面：① 投标书必须针对招标项目和招标条件撰写；② 投标书中的方案应在投标方的能力承受范围内做出。

3. 竞争性

投标是一种竞争性较强的经济行为。竞标者为了能够中标，在投标书中所使用的语言都会带有一定的竞争性，以显示自身的优势。

（三）投标书的结构与写法

投标书一般由封面、标题、称呼、正文、附件和落款构成。

1. 封面

投标书应有一个大气、规整的封面，封面上需要写明招标单位名称、招标项目名称、投标单位名称、投标单位负责人姓名或法人代表姓名，封面的右下角应写明标书的投送日期。

2. 标题

投标书的标题主要有以下两种结构形式。

（1）投标项目名称+文种，如“货品投标书”“办公用品投标方案”等。

（2）直接以文种名称命名，即“投标书”等。

3. 称呼

称呼是指招标单位的名称（全称），应在标题下方另起一行顶格书写，并在后面加上冒号。

4. 正文

投标书正文的撰写因招标项目的不同而有所差别，有的只需要用简明的文字表明态度、提出报价、写明保证事项即可；而有的则需要详细说明，其正文可分为前言、主体和结尾3个部分。

1）前言

前言应写明投标的依据、目的，并简要介绍投标单位的相关情况，如单位名称、单位性质、人员结构、资金实力、技术力量和主要成绩等。

2）主体

主体部分应写明完成招标书所列任务的方法和步骤等。例如，工程项目承包投标书要写明标价、工程质量达到的级别、安全措施、工程进度安排、主要施工方法和选用的施工材料等；经营性项目的投标书应把投标单位的经营思想、经营方针、经营目标、经营措施、外部条件等内容全面、具体地表述出来。

3）结尾

投标书的结尾通常以提出建议结束，即对招标单位提出予以支持和配合的要求等，也可写上对招标单位不一定接受最低价和可能接受其他投标书表示理解的语句。

5. 附件

投标书一般都有附件，具体包括投标单位的资质证明文件、工作量清单、报价表及分项标价明细表，投标者的主要施工机械清单、图纸和担保书等。

6. 落款

落款应写明投标单位的名称、负责人、投标日期等内容，并加盖公章。有时还要写明联系方式和地址等。

（四）撰写投标书时的注意事项

（1）内容符合招标书的要求。在撰写投标书时，撰写者应在遵照招标书的各项规定和要求的前提下，对招标书的要求做出实质回应。

（2）用语规范，通俗易懂。投标书应该使用规范、简洁的语言，避免使用含糊不清的措辞。同时，撰写者在表述时应顾及评标委员会成员的专业背景，以确保他们能够理解投标书中的内容。

（3）格式规范。投标书的格式应清晰、易于阅读，并符合招标书的格式要求。具体而言，撰写者应使用合适的字体和字号，且避免使用过于花哨的格式或页面设计，从而使投标书看起来整洁有序。

范文赏析

【范文一】

中国地质调查局天津地质调查中心大庆油田长垣南端古恰地区三维地震测量招标公告

中国地质调查局天津地质调查中心依据《中华人民共和国政府采购法》《政府采购货物和服务招标投标管理办法》等有关法律法规规定，现委托天津市泛亚工程机电设备咨询有限公司，以公开招标方式对大庆油田长垣南端古恰地区三维地震测量实施政府采购。现诚邀符合条件的投标人参加投标。

一、项目名称和编号

项目名称：大庆油田长垣南端古恰地区三维地震测量

项目编号：FZK2018-4-040

二、项目内容

本次招标采购预算 1 800 万元，共 1 个包。

包号：1

委托业务名称：大庆油田长垣南端古恰地区三维地震测量

委托业务内容：完成三维地震测量 45 km^2；完成三维地震数据处理解释，大致查明工作区地层结构及空间展布特征；重点查明 T03 界面分布特征及四方台组各段砂体分布特征。

是否接受联合投标：否

项目性质：新开

三、投标者要求

1. 具备承担本项目用户需求书要求的设备、人员和技术力量。

2. 单位负责人为同一人或存在直接控股、管理关系的不同投标者，不得同时参加投标；为本项目提供整体设计、规范编制或项目管理、监理、检测等服务的投标者，不得再参加本次采购项目。

3. 购买了招标文件且在法律上和财务上合法运作并独立于招标人和招标代理机构，投标者必须遵守《中华人民共和国政府采购法》及其他相关的国家法律、行政法规的规定。

4. 投标者应符合《中华人民共和国政府采购法》第二十二条规定条件，并提供以下材料作为证明。

（1）营业执照副本或事业单位法人证书或民办非企业单位登记证书或社会团体法人登记证书或基金会法人登记证书；

（2）2016 年度经第三方会计师事务所审计的财务报告或基本开户银行出具的资信证明（本项目发布日期后出具的）；

（3）近 3 个月（2017 年 9 月、2017 年 10 月、2017 年 11 月）的依法缴纳税收和社会保障资金的相关证明材料；

（4）供应商须提供投标截止日前 3 年内在经营活动中没有重大违法记录的书面声明（截至开标日成立不足 3 年的供应商可提供自成立以来无重大违法记录的书面声明）。

> 标题由招标单位名称、招标项目和文种名称组成。
>
> 正文的前言写明招标的依据。
>
> 正文的主体部分分项写明招标的内容。

5. 按照《财政部关于在政府采购活动中查询及使用信用记录有关问题的通知》(财库〔2017〕125号)的要求……,对列入失信被执行人、重大税收违法案件当事人名单、政府采购严重违法失信行为记录名单及其他不符合《中华人民共和国政府采购法》第二十二条规定条件的供应商,拒绝其参与政府采购活动,同时对信用信息查询记录和证据进行打印存档。

6. 本项目不接受联合体投标。

四、报名及获取招标文件时间、地点、方式,招标文件售价

1. 报名及获取招标文件的时间:2018年1月19日至2018年1月26日,每日9:00～16:00(法定节假日除外)。

2. 报名及获取招标文件的地点:天津市泛亚工程机电设备咨询有限公司招标四部(天津市河西区广东路广顺道2号403室)。

3. 报名及获取招标文件的方式:须携带企业营业执照副本或事业单位法人证书原件及复印件(加盖公章)、经办人授权委托书及本人身份证原件及复印件(加盖公章)。

4. 招标文件售价:1 000元人民币,售后不退。

5. 投标人可在购买招标文件的同时交纳投标保证金,具体交纳方式详见上传附件招标文件电子版。

五、提交投标文件时间及地点、开标时间及地点

1. 提交投标文件时间:2018年2月9日上午8:30～9:30。

2. 提交投标文件地点:天津市(具体地点以招标文件相关内容为准)。

3. 投标截止时间及开标时间:2018年2月9日9:30时。

4. 开标地点:天津市泛亚工程机电设备咨询有限公司二楼会议室(天津市河西区广东路广顺道2号403室)。

六、采购人的名称、地址和联系方式

1. 采购人名称:中国地质调查局天津地质调查中心。

2. 采购人地址:天津市河东区大直沽八号路4号。

3. 采购人联系人:单涛(联系方式:022-84112953)。

七、采购代理机构的名称、地址和联系方式

1. 采购代理机构名称:天津市泛亚工程机电设备咨询有限公司。

2. 采购代理机构地址:天津市河西区广东路广顺道2号,邮政编码:300204。

3. 采购代理机构联系人:李阳(联系方式:022-28262307,e-mail: freshfood@126.com)。

八、发布招标公告媒介

中国政府采购网、国土资源部网、中国地质调查局网、中国地质调查局天津地质调查中心网。

九、特别说明

本次招标项目经费是中央财政预算投资,中央财政预算安排存在调整或取消的可能,招标人在招标开始至合同正式签订前可能对招标文件的相关事项做出调整直至取消项目,招标人不对投标者和中标人做出任何补偿,请投标者注意风险。

天津市泛亚工程机电设备咨询有限公司
2018年1月19日

落款写明招标单位的名称与发布时间。

(资料来源:中国地质调查局官网)

点评

这篇招标书详细地说明了招标内容、报名要求。投标单位据此可以清楚地了解到招标单位的各种要求。全文语言表达严谨到位，不会产生歧义，提高了招标效率。

【范文二】

投标书

××进出口总公司：

根据贵方为××项目招标采购货物及服务的招标书，签字代表××经正式授权并代表投标者××提交下述文件正本一份及副本×份。

1. 开标一览表
2. 投标分项报价表
3. 货物说明一览表
4. 技术规格偏离表
5. 商务条款偏离表
6. 按照招标文件投标者须知和技术规格要求提供的其他有关文件
7. 资格证明文件

相关说明：

1. 附投标价格表中规定的应提交和交付的货物投标总价为……
2. 投标者将按招标文件的规定履行合同责任和义务。
3. 投标者已详细审查全部招标文件。我们完全理解并同意放弃对这方面有不明及误解的权力。
4. 本投标有效期为自开标日起××个日历日。
5. 在规定的开标时间后，投标者保证遵守招标文件中有关保证金的规定。
6. 根据投标者须知的规定，我方承诺，与招标采购单位聘请的为此项目提供咨询服务的公司及任何附属机构均无关联，我方不是招标采购单位的附属机构。
7. 投标者同意提供按照贵方可能要求的与其投标有关的一切数据或资料，完全理解贵方不一定接受最低价的投标或收到的任何投标。
8. 与本投标有关的一切正式往来信函请寄以下地址。

地址：××××××××××××××××

电话：××××××××××××

电子函件：××××××××××××

投标者名称（公章）：

投标者授权代表（签字或盖章）：×××

日期：××××年××月××日

> 标题使用文种名称。
>
> 另起一行顶格写上招标单位名称全称。
>
> 正文的前言部分写明了投标的依据及投标的项目；正文的主体部分按照招标书的要求一一列明相关的资料。
>
> 结尾写明对招标单位不一定接受最低价和可能接受任何投标书表示理解。
>
> 落款写明投标者授权代表、投标单位名称、银行开户信息、投标日期等。

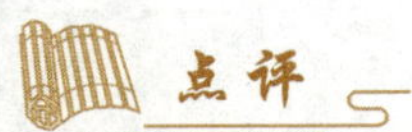

点评

这是一篇相对简单的投标书。标题直接使用文种名称，简洁明确。正文首先表明了投标的依据及投标的项目，然后详细说明了投标单位的情况，并列明符合招标要求的相关文件等。

病文会诊

办公楼维修工程招标书

根据《中华人民共和国招标投标法》和××学院有关规定，我学院的办公楼维修工程计划进行公开招标，现将有关情况介绍如下。

一、招标内容

办公楼屋面、走廊吊顶、门窗油漆整修、走道楼梯地板油漆整修、管线整理、所有照明灯具更换等（内容详见工程量清单）。

二、报名要求

1. 报名时间：20××年 7 月 10 日，报名地点：××学院基建维修管理科，联系人：×××，电话：××××××××××××。

2. 资质要求：企业应具备房屋建筑施工专业三级以上（含三级）施工资质，有类似工程施工经历，有一定的经济实力。

3. 报名资料：加盖公章的企业营业执照、资质等级复印件、介绍信。

三、投标文件中必须包含的内容

1. 加盖公章的企业营业执照、资质等级复印件，以及项目经理和有关技术人员的资质证书复印件。

2. 单项工程单价及工程总价。

3. 有满足工程施工的工期要求、质量要求、安全要求、文明施工现场要求的技术措施。

4. 有简单可行的施工方案。

5. 有符合国家规定的保修承诺。

四、投标、评标、中标

1. 评标方式采用综合评标法。在我院的评标小组对投标者的技术措施、企业的综合实力等综合评议后，合格的投标者中报价得分最高的单位为中标单位。

2. 我院无须向未中标单位解释未中标原因，也不退还投标文件。

五、相关事宜

1. 投标单位领取招标文件时须交投标保证金 1 000 元，递交投标文件时退还。

2. 招标文件发放时间和地点：20××年7月10日，基建维修管理科。

附件：工程量清单（略）

【会诊提示】

（1）招标书未写明投标文件递交的时间和地点。正文中未说明工程时限、正式合同签订时间与工程金额等信息。

（2）招标书没有落款。落款处应写明招标单位的名称、联系人、地址、联系方式和邮政编码等信息。

投标书

××国际广场：

根据贵公司关于××国际广场物业管理的招标书，我公司正式投标。

一、前言

1. 我公司已详细阅读招标文件、参考资料及相关附件。

2. 如果在规定的开标日期内投标文件撤回，保证金将被贵方没收。

3. 同意按照贵方要求提供与投标有关的一切数据或资料。

4. 如果投标过程中有任何不正当的商业行为，或采取任何方式向招标者施加压力，我公司同意被取消投标资格。

5. 我公司严格按照《投标须知》履行应尽的义务，遵守招投标过程的纪律。

二、管理方案

（一）管理目的

保持和提高物业的完好程度，通过加强对物业的管理养护和对使用人的服务，确保物业保值、升值。加强对业主和住户的行为管理，服务就是为了维护业主的利益。

（二）管理原则

根据《物业管理条例》及有关政策规定，本着“以区养区，略有节余”和“业主至上，服务第一”的管理原则，执行公司“为业主创造安全、文明、优美、舒适的工作环境”的服务质量方针，实行“管、养、修、服务”为一体的综合管理。

（三）管理优势

理念优势、技术优势、经验优势、配套优势、团队优势。

（四）拟采取的管理方式

严格的资质管理，确保各类人员的专业素质和综合素质，以严格的管理制度规范各类服务行为；采用直线管理方式，运用信息管理等现代化手段，实现高效率、高水平的综合一体化管理，加强写字楼区域精神文明建设，实施品牌战略。我们的管理方式由组织机构系统、运作程序系统、信息反馈系统和激励系统4个部分组成。

【会诊提示】

（1）投标书过于简略，未介绍投标单位的相关情况，如公司性质、人员结构和资金设备等。

（2）结尾未提出建议，也未表达希望中标的意愿。

（3）文末未写明投标日期。

写作训练

请根据以下材料，先拟写一份招标书，然后再根据所写的招标书，拟写一份投标书。

××钢铁商贸集团年运输钢材 40 万吨，除了少量使用火车运输，大部分为汽车运输，且运输量较大。××钢铁商贸集团希望以公开招标的方式，找到价格合理，并且能够提供安全、可靠的运输服务的货运公司运送螺纹钢、弹簧扁钢、圆钢等货物。

××钢铁商贸集团要求运输车辆为 17.5 米长的半挂式卡车，荷载重量在 30 吨以上。其希望货运公司能够选用最安全的运输方式、最合理的运输时限，并能提供最优的价格。同时，装货车辆应车况良好，有保险公司承保，验车手续完备（行驶证、营运证、驾驶证等），且必须保持通信畅通，必须购有货物保险，并按照集团市场营销部及物流班的要求装卸钢材。

投标的货运公司应提供企业信息登记表，以及企业法人营业执照、税务登记证、组织机构代码证、法人代表授权书等资质证明材料并加盖公章，并附上资产负债表和近期的运营状况说明。

投标截止时间为 20××年×月××日。

任务四　掌握经济合同的写作方法

职业场景

经济合同广泛应用于各种经济活动中，包括但不限于商品买卖、房屋租赁、资金借贷、工程承包、技术合作和仓储保管等。

请思考：上述经济活动中涉及的经济合同的内容有哪些差异？在撰写经济合同时，要注意哪些事项？

一、经济合同的概念

经济合同是指双方或多方当事人为了实现一定的经济目的，通过平等协商，明确权利与义务后，共同订立的一种反映双方经济关系的财经契约文书。

二、经济合同的特点

（一）合法性

经济合同的主体必须是具有合同履行能力的自然人或法人，合同的内容必须符合国家法律法规和政策的规定，合同的订立程序必须遵守国家法律法规、政策等的相关要求。

（二）平等性

经济合同的主体是法律地位平等的民事主体，不允许一方超越另一方的法律地位。另外，双方或多方在订立合同时，应采取自愿协商的方式，不允许一方将自己的意愿强加给另一方。

（三）约束性

经济合同一旦成立，就具有法律效力。合同各方当事人必须履行合同义务，不能擅自变更合同内容或终止合同。如果哪一方违反了合同，就要承担由此引起的法律后果。

三、经济合同的种类

按照不同的分类依据，经济合同可分为以下几类。

（1）根据有效期限的不同，经济合同可分为短期合同、中期合同和长期合同。

（2）根据内容的不同，经济合同可分为买卖合同、建设工程合同、承揽合同、租赁合同、仓储合同、保管合同、借款合同、保理合同、运输合同、能源供应合同和技术合同等。

（3）根据表现形式的不同，经济合同可分为表格式经济合同、条款式经济合同、表格条款结合式经济合同。

表格式经济合同是指将合同当事人的有关情况、合同的条款等，依照一定的顺序设计成表格，签约时由当事人逐项填写具体内容的经济合同。表格式经济合同使用起来较为简便易行。一些应用范围广、条款变化不大的合同，如承揽合同、租赁合同、借款合同、保理合同及买卖合同等，通常采用表格式经济合同。

条款式经济合同是指将合同当事双方议定的权利和义务分条逐项地表述出来的经济合同。条款式经济合同具有内容详尽、表述清楚、逻辑严密的特点，适用于标的比较复杂、当事双方的权利及义务须详细说明，或当事人有某些特殊要求的经济活动，如建设工程合同、技术合同等。

表格条款结合式经济合同是指将表格、条款结合起来使用的经济合同。这种经济合同兼具表格式经济合同和条款式经济合同的特点，常由行业管理部门或合同管理部门统一印制，并在一定的范围内使用。

四、经济合同的结构与写法

经济合同有其特定的结构形式，主要包括标题、约首、正文和约尾 4 个部分。

（一）标题

标题即经济合同的名称，每一份经济合同都有一个以其内容和类型命名的标题，如“××产品购销合同”“××产品加工合同”“房屋租赁合同”等。需要注意的是，“经济合同”是一类合同的统称，不能作为一份合同的标题。

（二）约首

约首包括经济合同的编号、当事人、签约时间和签约地点等。其中，当事人的名称或姓名应以分行并列或在一行连续书写的方式写在标题下方第一行顶格处（或空 2 个字处）。

为了表述方便，当事人的名称或姓名前通常可注明“甲方”“乙方”“丙方”等，或依照合同内容称“借方”“需方”“承租方”“出租方”等，但不能称“我方”“你方”“他方”等。

（三）正文

正文即经济合同的具体内容。正文开头可简要说明订立合同的理由、目的或依据，即以“为了……”“根据……”或“经双方协商，一致同意签订本合同，以资共同恪守”等句式开篇，然后用“主要条款如下”或“条文如下”等语句引入条款。条款一般应按照《中华人民共和国民法典》合同编的规定顺序表述，主要有标的及其数量、质量，价款或报酬，经济合同履行的期限、方式、费用和地点，违约责任，解决争议的方法等。

1. 标的及其数量、质量

经济合同的标的是指合同中权利和义务所指向的对象。它可以是某种货物，也可以是某项工程及其劳务活动，还可以是某种脑力劳动的成果等。经济合同中应写明标的数量和质量。质量要求不明确的，按照强制性国家标准履行；没有强制性国家标准的，按

照推荐性国家标准履行；没有推荐性国家标准的，按照行业标准履行；没有国家标准、行业标准的，按照通常标准或符合合同目的的特定标准履行。

2. 价款或报酬

价款是指向提供货物的当事人支付的、与提供的货物相当的货币数量。报酬是指向提供劳务或完成一定工作量的当事人提供的金钱。经济合同中的价款或报酬不明确的，按照订立合同时履行地的市场价格履行；依法应当执行政府定价或政府指导价的，依照规定履行。

3. 经济合同履行的期限、方式、费用和地点

经济合同应根据实际情况写明合同履行的期限、方式、费用和地点，如不能确定，应遵循下列规定。经济合同的履行期限不明确的，债务人可以随时履行，债权人也可以随时请求履行，但是应当给对方必要的准备时间。经济合同的履行方式不明确的，按照有利于实现合同目的的方式履行。经济合同的履行费用的负担不明确的，由履行义务一方负担；因债权人原因增加的履行费用，由债权人负担。如果经济合同的履行地点不明确，则给付货币的在接收货币一方所在地履行；支付不动产的在不动产所在地履行；其他标的在履行义务一方所在地履行。

4. 违约责任

经济合同必须规定不按照合同要求履行义务时的处罚措施，以及发生意外情况时的处理办法等，具体包括以下几个方面的内容：① 违约行为的类型，如不履行或延迟履行合同义务、履行合同义务不符合约定等；② 约定违约责任的承担方式，如继续履行、采取补救措施和赔偿损失等；③ 违约金或赔偿金的数额或计算方法；④ 合同解除情形。

违约责任的归责原则

5. 解决争议的方法

解决争议的方法是指当合同履行过程中出现争议或有纠纷时的解决方法，如各方当事人友好协商解决，提交调解机构进行调解，提交仲裁机构进行仲裁，或向有管辖权的法院提起诉讼，等等。

（四）约尾

约尾即经济合同的落款。若当事人是法人或其他组织，则约尾应写明当事人单位的全称、代表人姓名，并加盖公章。有的经济合同还要写上当事人的详细地址、联系方式和邮政编码等，必要时还应写上双方的开户银行及账号或公证机关的审查意见（签字盖章）。若当事人是公民，则约尾应写明其姓名，身份证号和联系方式等。另外，约首处若未写明签约时间和签约地点，则可将其写在约尾处。

五、撰写经济合同时的注意事项

（一）内容要合法

《中华人民共和国民法典》是签订经济合同的根本依据。另外，经济合同涉及的经济活动也必须合法，任何单位和个人不得利用经济合同进行违法活动，不得扰乱社会经济秩序，不得损害国家利益和社会共同利益。

（二）结构完整，条款完备

无论采用哪种表现形式，经济合同的结构都应完整，格式都要符合规范。经济合同正文中的条款应完备，应明确规定当事人的权利、义务及违约责任等内容。

（三）表述准确、严密

经济合同的表述必须准确、严密。具体来说，其用词切忌产生歧义，句意不能含混或有漏洞；表示数量的重要数字应大写；标点符号的使用应准确。

（四）字迹清楚，文面整洁

经济合同在打印前应反复校对，确保内容准确无误，格式规范整齐。在经济合同成立后，当事人若要修改合同，则必须经其他当事人同意，并在修改处盖上各方印章，以示各方认可。

范文赏析

产品采购合同

甲方：××市园林管理局　　合同编号：FB010

签订时间：20××年×月×日

乙方：××机械设备有限公司　　签订地点：××市

根据《中华人民共和国民法典》及相关法律法规的规定，甲乙双方经充分协商，本着平等互利的原则签订本合同，以资共同信守。

1. 产品信息如下。

园林洒水车

型号：××××××型绿化喷洒车

数量：5 台

单价（含税）：29 000 元

总金额（含税）：145 000 元

高枝绿篱机

型号：叶红××××

> 标题写明经济合同的类型与内容。
>
> 约首写明合同当事人、合同编号、签约时间和签约地点。
>
> 正文开头简要说明订立合同的依据、理由和目的。

数量：10 台
单价（含税）：4 600 元
总金额（含税）：46 000 元

油锯
型号：叶红××××
数量：8 台
单价（含税）：3 000 元
总金额（含税）：24 000 元

产品总额（大写）：贰拾壹万伍仟圆整
（小写）：¥215 000.00 元

2．产品技术标准按照装箱单、使用说明书执行，产品质量以出厂检测报告为准。

3．产品包装物的供应与回收由乙方负责，因产品包装产生的一切费用由乙方自行承担。

4．交货地点、交货方式及费用负担。乙方按照甲方的要求将产品送至甲方指定的交货地点。产品运输方式为公路汽运。与产品运输有关的一切费用由乙方承担。产品的接货人由甲方指定。甲方负责产品的卸车工作。

5．交货日期。本合同约定的交货日期是指乙方将产品运抵甲方现场的日期。乙方应在甲方支付全款后 10 日内按照合同约定将全部产品一次性交付给甲方。甲方有权根据实际需要变更本合同约定的交货日期。

6．产品安装与调试。产品的安装与调试由甲方负责，由此发生的一切费用均由甲方自行承担。

7．产品验收及异议规则如下。

（1）甲方按照装箱单、使用说明书和出厂检测报告验收全部产品。

（2）甲方如果在验收过程中发现产品不符合合同约定，则应自验收之日起 10 天内向乙方提出书面异议。乙方在接到甲方的书面异议后，应当立即按照甲方的要求进行处理，并赔偿因此给甲方造成的直接经济损失。

8．乙方向甲方交付产品时应向甲方提供与产品有关的资料，包括但不限于产品的名称、型号、规格、花色、标志、牌号、批号、操作手册、使用说明书、图纸、合格证或质量保证书、数量、包装、检验情况、检验证明等，并保证这些资料中的信息真实、完整、准确。

9．本合同约定的全部产品的毁损灭失风险自产品验收合格之日起转移至甲方，此前的一切风险由乙方自行承担。

10．价款结算方式及期限。合同签订后，由甲方向乙方支付合同总价款的 30%作为定金；乙方发货时，甲方支付剩余 70%价款。甲方应采用银行转账的方式向乙方支付价款。乙方应向甲方开具增值税全额发票。

11．违约责任。……

12．争议解决的方法。本合同在执行过程中发生纠纷时，双方可向××市仲裁委员会提起仲裁，也可向甲方所在地法院提起诉讼。

正文的主体部分按照主次顺序，分条列明了标的及其数量、质量，包装物及包装费用，交货地点、交货方式及费用负担，交货日期，产品安装与调试，产品验收及异议规则，风险转移规则，价款结算方式及期限，违约责任，解决争议的方法等。

13. 本合同经甲、乙双方盖章签字后立即生效。
本合同一式伍份，甲、乙双方各执贰份，招标代理机构执壹份。

甲方单位名称（盖章）：	乙方单位名称（盖章）：
法人代表或委托代理人：	法人代表或委托代理人：
单位地址：	单位地址：
电话：	电话：
纳税人登记号：	纳税人登记号：
开户银行：	开户银行：
账号：	账号：

约尾写明双方的单位名称、法定代表人或委托代理人姓名、单位地址等信息。

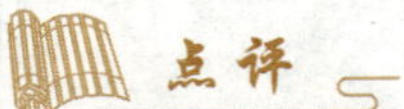

点评

这是一份产品采购合同。全文内容完备，逻辑严密，用词严谨，表述清晰。

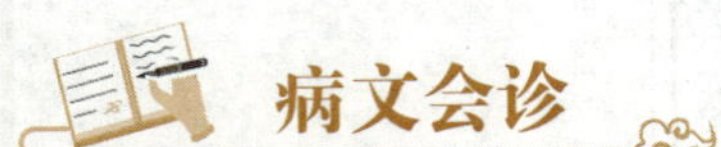

病文会诊

经济合同

甲方（发包方）：××装饰涂料有限公司

乙方（承包方）：××建筑设计有限公司

根据《中华人民共和国民法典》及相关法律法规的规定，甲乙双方在平等、自愿、协商一致的基础上，就乙方承建甲方涂料厂房事宜达成以下协议。

本次厂房建造以包工包料的方式由乙方承包。乙方负责提供全部建筑材料、施工设备、劳务人员及其工资等，并按照约定的质量标准和工期完成全部工程。

工程价款根据实际完成的工程量及约定的单价计算。在合同签订后，甲方向乙方提前支付×万元工程款；在工程进度达到50%时，甲方向乙方支付工程进度款××万元；在工程完工并验收合格后，甲方向乙方支付剩余款项××万元。

工程待乙方筹备就绪后立即开始，力争3月中旬开工，争取11月左右交活。

需要注意的是，若乙方未按照约定的质量标准和工期完成全部工程，其应承担违约责任，赔偿甲方因此造成的损失。若甲方未按照约定支付工程款项，其应承担违约责任，赔偿乙方因此造成的损失。若因乙方原因导致工程不能按时完工，乙方应承担违约责任，赔偿甲方因此造成的损失。若因甲方原因导致工程不能按时完工，甲方应承担违约责任，赔偿乙方因此造成的损失。

本合同一式两份，双方各执一份。

立合同人：

××装饰涂料有限公司（公章）　　　　××建筑设计有限公司（公章）

负责人：赵××（签章）　　　　负责人：万××（签章）

20××年××月××日

【会诊提示】

（1）标题不合适。经济合同的范围较大，应将标题改为“涂料厂房建造合同”。

（2）内容不完备，表意不明确。第一，合同正文未采用条文形式，未标明序号，显得较为凌乱；第二，没有阐明要建造的涂料厂房的式样、面积、高度和结构等；第三，未说明双方的权利与义务。

（3）相关数据不明确，部分用词不严谨。“力争”“争取”“11 月左右”等意思较为含糊的词语不适合写入合同。

（4）未写明合同生效时间。合同的签订日期不能替代合同的生效日期，应在末尾写上“合同自签订之日起生效”字样。

写作训练

请根据下列材料，再适当补充部分内容，拟写一份经济合同。

（1）事由：××会计师事务所计划向××科技责任公司购买 10 台电脑，每台 4 000 元。

（2）交付方式：送货上门；送货时间为合同签订后 3 日内；送货地址为××会计师事务所，运费由××科技责任公司承担。

（3）验收方式：××会计师事务所与××科技责任公司共同验收，核对商品品牌、型号、数量，商品外观无损毁，并经××会计师事务所确认，即为验收完毕。

（4）货款结算：合同签订后，××会计师事务所以转账的方式向××科技责任公司一次性付清货款。

（5）售后服务：××科技责任公司按照合同规定提供质保和售后服务。

（6）乙方须知：电脑拆封后 15 天内，应保留商品的原包装，在质量保证期内，应妥善保存商品的发票、配置清单和三包凭证。

（7）违约责任：若××科技责任公司不提供售后服务，××会计师事务所有权追究其带来的损失。

（8）争议解决方式：双方协商解决。

项目自测

一、不定项选择题

1. 财经契约文书的作用有（　　）。

A. 记录经济活动　　B. 规范交易行为

C. 提供经济保障　　D. 提供纸质文件

2. 意向书的特点有（　　）。

A. 协商性　　B. 普遍性　　C. 临时性　　D. 内容笼统

3. 下列有关意向书的说法，错误的是（　　）。

A. 意向书无需写出要实现的总体目标

B. 意向书的内容要是非要分明，态度要诚恳

C. 撰写意向书时要坚持平等互利的原则

D. 意向书应仅阐述合作意向，不涉及合作的具体细节

4. 协议书的特点有（　　）。

A. 协商一致性　　B. 合法性　　C. 公开性　　D. 竞争性

5. 下列有关协议书撰写时的注意事项的说法，正确的是（　　）。

A. 抓准问题，有的放矢　　B. 协议事项要清晰

C. 内容完整、准确　　D. 语言简洁明了

6. 下列有关招标书的说法，错误的是（　　）。

A. 招标书是一种告示性文书

B. 招标书的标题可由“招标单位名称+招标项目名称+文种”构成

C. 招标书具有约束性

D. 招标书具有公平性

7. 投标书的特点有（　　）。

A. 规范性　　B. 限定性　　C. 针对性　　D. 竞争性

8. 下列选项中，不属于经济合同特点的有（　　）。

A. 合法性　　B. 平等性　　C. 约束性　　D. 竞争性

9. 下列有关经济合同撰写时的注意事项的说法，正确的是（　　）。

A. 内容要合法　　B. 结构完整

C. 条款完备　　D. 表述准确、严密

二、简答题

1. 简述财经契约文书的写作要求。

2．简述意向书的结构与写法。

3．简述撰写协议书时的注意事项。

4．简述招标书的结构与写法。

5．简述投标书的结构与写法。

6．简述经济合同的结构与写法。

项目评价

全班同学每 5 人一组，结合写作训练与项目自测的完成情况，按照表 7-1 的评价标准，对本项目的学习情况进行自评和互评，并请老师进行总体评价。

表 7-1　考核评价表

<table>
<tr><th rowspan="2">考核内容</th><th rowspan="2">评价标准</th><th rowspan="2">分值</th><th colspan="3">评价得分</th></tr>
<tr><th>自评</th><th>互评</th><th>师评</th></tr>
<tr><td rowspan="5">知识与技能
考核
（60%）</td><td>能够复述财经契约文书的概念和作用</td><td>5</td><td></td><td></td><td></td></tr>
<tr><td>能够简述财经契约文书的写作要求</td><td>5</td><td></td><td></td><td></td></tr>
<tr><td>能够复述意向书、协议书、招标书、投标书和经济合同的概念，并能举例说明它们各自的作用</td><td>15</td><td></td><td></td><td></td></tr>
<tr><td>掌握意向书、协议书、招标书、投标书和经济合同的结构与写法</td><td>20</td><td></td><td></td><td></td></tr>
<tr><td>明确意向书、协议书、招标书、投标书和经济合同的写作注意事项</td><td>15</td><td></td><td></td><td></td></tr>
<tr><td rowspan="4">过程与方法
考核
（20%）</td><td>课前主动预习，积极搜集各类财经契约文书范文</td><td>5</td><td></td><td></td><td></td></tr>
<tr><td>认真分析所搜集的财经契约文书范文的作用、结构和语言特点</td><td>5</td><td></td><td></td><td></td></tr>
<tr><td>积极参与课堂讨论，并与同学交流自己的观点</td><td>5</td><td></td><td></td><td></td></tr>
<tr><td>认真完成课后作业，注重写作体验，善于通过模仿提高写作水平</td><td>5</td><td></td><td></td><td></td></tr>
<tr><td rowspan="4">综合素养
考核
（20%）</td><td>会欣赏蕴藏于财经应用文中的美，增强文化自信</td><td>5</td><td></td><td></td><td></td></tr>
<tr><td>思路清晰、汇总能力强</td><td>5</td><td></td><td></td><td></td></tr>
<tr><td>具有良好的沟通能力、协调能力和谈判能力</td><td>5</td><td></td><td></td><td></td></tr>
<tr><td>提升对信息的洞察力和判断力，增强思辨能力</td><td>5</td><td></td><td></td><td></td></tr>
<tr><td>总评</td><td>自评（20%）+互评（20%）+师评（60%）=</td><td colspan="4">教师（签名）：</td></tr>
</table>

项目八

对簿公堂，凿凿可据
——财经法律文书

素养目标

（1）具备诚实守信、遵纪守法、廉洁奉公的良好品德。

（2）具有良好的团队协作能力。

知识目标

（1）了解财经法律文书的概念、作用和写作要求。

（2）了解仲裁文书、经济纠纷起诉状、经济纠纷上诉状、经济纠纷申诉状、经济纠纷答辩状的基础知识。

（3）掌握仲裁文书、经济纠纷起诉状、经济纠纷上诉状、经济纠纷申诉状、经济纠纷答辩状的结构与写法。

能力目标

能够根据实际需求，按照格式规范撰写财经法律文书。

财经法律文书概览

一、财经法律文书的概念

参与经济活动的各方可能因为各种不同的原因而产生经济纠纷。当各方无法通过协商解决问题时，就可采用仲裁或诉讼的方式维护自己的合法权益。本项目所讲的财经法律文书是指当事的某一方依照事实和法律，向有管辖权的仲裁机构申请仲裁或向人民法院提交答辩，提起诉讼、提交答辩的文书。这类文书主要分为仲裁文书和经济诉讼文书。

二、财经法律文书的作用

（一）记录和反映财经活动

财经法律文书是记录和反映财经活动的重要工具。通过撰写财经法律文书，当事人可以将财经活动的过程、结果等予以记录和整理，以便相关各方对财经活动情况有全面、客观、准确的把握。同时，这些记录还可以为今后的财经活动提供参考和借鉴，促进财经工作的规范化和科学化。

（二）协助解决经济纠纷

财经法律文书具有协助解决经济纠纷的作用。在财经法律文书中，当事人可以依据事实和法律，说明申请仲裁或提起诉讼的理由、依据、证据和证据来源，仲裁机构或人民法院也可据此做出判定，从而及时、公正地解决经济纠纷。

三、财经法律文书的写作要求

（1）主旨鲜明。财经法律文书的主要作用是协助解决经济纠纷，保护当事人的合法权益。因此，财经法律文书的主题和目的必须明确，并围绕主题展开论述，不能偏离主题。

（2）材料真实。财经法律文书的撰写需要依据真实的材料，不能虚构事实或歪曲事实。同时，财经法律文书中的证据必须经过认真核实，确保真实可靠。

（3）内容合法。财经法律文书的内容必须遵照相关法律规定和程序要求撰写，不能依照撰写者的主观意愿，这样才能保证财经法律文书的有效性。

（4）用词准确。财经法律文书的用词必须准确，以免产生歧义。文书中的表述必须简明扼要，便于读者快速理解文书的内容。

（5）格式规范。财经法律文书的格式必须合乎相关标准。文书中的标题、正文、落款等内容应当按照规定的格式进行排版，以便读者阅读和理解。

任务一　掌握仲裁文书的写作方法

职业场景

经济仲裁是仲裁文书应用最广泛的领域之一。当事双方若无法自行解决合同纠纷、贸易争端、公司治理过程中的争议，则可以通过向仲裁机构提交仲裁文书申请仲裁。仲裁机构会根据事实和相关法律法规，对争议问题进行公正、公平、快捷的裁决，保护当事人的合法权益。

请思考：仲裁文书有哪些特点？仲裁文书的结构是怎样的？

一、仲裁文书的概念和种类

仲裁文书是指当事双方自愿将他们之间的经济纠纷提交仲裁机构裁决时使用的财经法律文书。仲裁文书主要包括仲裁申请书和仲裁答辩书。

仲裁申请书是指经济纠纷中的一方当事人（即申请人），为了维护自己的合法权益，向仲裁机构提交的，请求仲裁其与被申请人之间经济纠纷的财经法律文书。

仲裁答辩书是指被申请人根据申请人在仲裁申请书中提出的要求和相关依据，对仲裁申请书中所列事实和请求进行答复或辩解，并提供事实依据和理由的财经法律文书。被申请人作为答辩人，应当在规定的时间内向仲裁机构提交仲裁答辩书，承认或否认仲裁申请书中的相关内容。

二、仲裁文书的特点

（一）法律性

仲裁文书是具有法律性的文件。其法律性一方面是指仲裁文书的撰写必须合法，不能违反《中华人民共和国仲裁法》及相关法律法规的规定；另一方面是指仲裁文书提交后，能够产生法律效力。

（二）独立性

虽然仲裁文书是针对经济合同纠纷而撰写的书面文件，依附经济合同存在，但当经济合同发生变更或终止时，仲裁文书依然有效。这就是其独立性所在。

三、仲裁文书的结构与写法

（一）仲裁申请书的结构与写法

仲裁申请书由标题、当事双方的基本情况、申请仲裁的案由或事由、仲裁请求、事实与理由、结尾和附项 7 个部分构成。

1. 标题

标题可直接使用文种名称，即“仲裁申请书”。

2. 当事双方的基本情况

若当事一方或双方为公民，则这部分内容应写明申请人和被申请人的姓名、工作单位、职务和联系方式；若当事一方或双方为法人或其他组织，则这部分内容应写明单位的名称、地址及其法定代表人和委托代理人的姓名、职务和联系方式等信息。

3. 申请仲裁的案由或事由

这部分内容应写明因为什么纠纷申请仲裁，如因履行建设合同发生争议等。

4. 仲裁请求

仲裁请求是指申请人的具体要求及其希望通过仲裁达到的目的。

5. 事实与理由

这部分内容应简要叙述经济纠纷产生的原因，重点写出被申请人违约的具体事实及其给申请人带来的经济损失，并阐明申请仲裁的法律依据、有关证据及证据来源等。

6. 结尾

结尾应包含“此致”、仲裁机构名称、申请人的名称或姓名及成文日期。

7. 附项

附项应写明本仲裁申请书副本份数、物证名称及其件数和书证名称及其件数等信息。

（二）仲裁答辩书的结构与写法

仲裁答辩书一般由标题、答辩人基本情况、案由、答辩内容、结尾和附项 6 个部分构成。

1. 标题

标题可直接使用文种名称，即“仲裁答辩书”。

2. 答辩人基本情况

若答辩人为公民，则答辩人基本情况包括答辩人的姓名、工作单位、职务、联系方式；若答辩人为法人或其他组织，则答辩人基本情况包括单位的名称、地址及其法定代表人和委托代理人的姓名、职务、联系方式等信息。

3. 案由

案由是指答辩的缘由，需要简述因何人、何事而进行答辩。

4. 答辩内容

在这一部分，答辩人需对申请人在仲裁申请书中提出的要求和理由进行反驳或辩解，并说明自己的辩驳理由和事实依据。答辩人可以引述相关法律条文说明己方无过错或可以免责，且应罗列清楚证据，最后在上述内容的基础上，表明自己的态度或提出自己的请求，并恳请仲裁机构依法裁决，支持自己的主张。

5. 结尾

结尾应包括“此致”、仲裁机构名称、答辩人的名称或姓名及答辩日期。

6. 附项

附项应写明包括本仲裁答辩书副本份数、物证名称及其件数和书证名称及其件数等信息。

四、撰写仲裁文书时的注意事项

（1）争议焦点明确。在撰写仲裁文书时，撰写者需要写明争议的焦点和双方当事人之间的核心矛盾。这有助于仲裁机构更好地理解案件事实并做出相应的裁决。

（2）事实陈述清楚。在仲裁文书中，事实的陈述应当清晰、准确和客观。具体来说，文书中要避免使用主观性的语言，而要以事实为基础，写明相关的证据和证人证言，以便仲裁机构对事实进行认定。

（3）法律依据准确。撰写者在仲裁文书中引用法律条文和司法解释（指国家最高司法机关在适用法律过程中对具体应用法律问题所做的解释）时，需要确保引用的法律条文和司法解释准确无误。同时，撰写者还要根据案件的具体情况，选择适用的法律法规，以确保仲裁文书的合法性和有效性。

（4）论证逻辑严密。仲裁文书的论证应逻辑严密、推理严谨。撰写者应通过逐步推理和分析得出最终结论，要避免跳跃式地得出结论。此外，撰写者还要注意论据的真实性和充分性，以支持论证的有效性。

（5）文字表达简练。仲裁文书的文字表达应简洁明了，即文书要避免使用复杂、冗长的句子，而应使用简洁的语言表达核心内容和关键信息，进而提高仲裁文书的可读性和易理解性。

范文赏析

【范文一】

仲裁申请书

申请人：××××体育设施有限公司

住所地：××省××市××区××路××号

法定代表人：×××，该公司总经理

委托代理人：××，该公司项目经理

第一被申请人：××市××中学（以下简称“××中学”）

住所地：××省××市××区××路×××号

法定代表人：×××，该校校长

第二被申请人：××××××公司（以下简称“××公司”）

住所地：××省××市××区××路×号

法定代表人：×××，该公司总经理

第三被申请人：××××建设工程有限公司（以下简称“××工厂”）

住所地：××省××市××区××路×××号

法定代表人：××，该公司总经理

案由：建设合同纠纷

仲裁请求：

1．裁决第一被申请人××中学向申请人支付拖欠的工程款及其利息共计×万元，第三被申请人××工厂承担连带清偿责任。

2．裁决第二被申请人××公司向申请人退还属于申请人的工程款及其利息共计×万元。

3．裁决本案仲裁费用由被申请人负担。

事实与理由：

申请人与第一被申请人××中学于××××年×月××日签订了编号为××××的《××市建设工程施工合同》，约定由申请人承建第一被申请人××市××中学运动场改造工程，工程规模约××万平方米。该合同就工程承包的范围、工期、质量标准、质量验收、合同价款及支付方式、工程进度计划、竣工验收与结算、质量保证、争议的解决等内容做了规定。该合同约定开工日期为××××年×月××日，竣工日期为××××年×月××日，合同工期（总日历天数）为××天。合同价款为×拾×万×仟×佰×拾×元整（××××××元）。合同约定的监理单位为××市××建设监理有限公司。合同中的发包方（即第一被申请人）××中学承诺按照本合同约定的期限和方式支付合同价款及其他应当支付的款项，履行本合同约定的全部义务；同时，承包方（即申请人）也承诺按照本合同约定施工、竣工，在质量保修期内承担工程质量保修责任，履行本合同约定的全部义务。双方约定本合同自签订之日起生效并已经报××市综合招投标中心备案。

> 标题直接使用文种名称。
>
> 标题下方依次写明当事各方的基本情况。
>
> 正文写明案由，并分条列明仲裁请求。

申请人与第一被申请人××中学在该合同中约定："基础完工后，发包方向承包方支付合同价款的50%。""工程完工并全部验收合格后办理结账手续，留取总工程款的5%待工程质保期满后付清。"另外，合同约定了缺陷责任期为5年，质量保证的方式为质量保证金，质量保证金的金额按照通用条款约定，为工程价款结算总额的5%，扣留方式是在办理结账手续时留取总工程款的5%。该工程（包括申请人分包给第二被申请人××公司的道路施工工程）已按期全部完成并已通过竣工验收，申请人已经履行了合同约定的全部义务，但第一被申请人××中学及其援建单位、第三被申请人××工厂还拖欠申请人工程款及其利息共计×万元直至今日仍未支付。因此，第一被申请人××中学应向申请人支付拖欠的工程款及其利息共计×万元，第三被申请人××工厂承担连带清偿责任。同时，第二被申请人××公司分包的道路施工工程部分只应领取共计×万元的工程款，而××公司项目经理却通过伪造印章和相关资料的手段总共领取了工程款共计×万元。因此，被申请人××公司应向申请人退还工程款及其利息共计×元。

为了维护申请人的合法权益，根据申请人和第一被申请人××中学签订的《××市建设工程施工合同》中的仲裁条款约定（"双方同意选择下列第一种方式解决争议：向××仲裁委员会申请仲裁"）和《中华人民共和国仲裁法》的规定，特向贵委提出仲裁申请，请依法裁决。

此致

××仲裁委员会

申请人：××××体育设施有限公司

20××年×月×日

附：

1. 仲裁申请书副本一式×份
2. 《××市建设工程施工合同》（编号为××××）复印件×份
3. 《道路施工承包合同》复印件×份
4. 《××市××中学沥青混凝土路面施工合同》复印件×份
5. 其他证据×份

结尾内容规范，包含"此致"和仲裁机构名称、申请人的信息及成文日期。

附项写明本仲裁申请书副本份数、物证名称及其件数、书证名称及其件数等信息。

点评

这篇仲裁申请书写明了申请人、被申请人的基本信息，以及申请仲裁的案由、仲裁请求、事实与理由，最后以"特向贵委提出仲裁申请，请依法裁决"结束正文，附项内容完整。全篇格式规范，是一篇仲裁申请书的范文。

【范文二】

仲裁答辩书

答辩人：××市××中学（以下简称“××中学”）

住所地：××省××市××区××路×××号

法定代表人：×××，该校校长

针对申请人（××××体育设施有限公司）提交的仲裁申请，我方现做出如下答辩：

一、关于拖欠的工程款及其利息

经调查，我们发现仲裁申请书所述内容属实，××中学确实存在拖欠申请人工程款及其利息的行为。但这是因为申请人未对我方提出的工程质量问题做出相应的处理。

对于这部分款项，我们愿意尽快支付，同时也希望申请人能对工程质量问题做出处理。

二、关于第三被申请人××工厂的责任

经核实，第三被申请人××工厂确实参与了该项目的建设，对于拖欠的工程款及其利息，其应承担连带清偿责任。

三、关于第二被申请人××公司分包的道路施工工程部分

经调查，第二被申请人××公司确实存在通过伪造印章和相关资料领取工程款的行为。对于这部分款项，我们已经要求第二被申请人××公司立即退还。

综上所述，我方认为仲裁委员会应支持申请人的部分请求，并要求申请人尽快处理工程质量问题。

此致

××仲裁委员会

答辩人：××市××中学

20××年×月×日

附：

1. 答辩书副本×份
2. 书证×份

> 标题直接使用文种名称。
>
> 标题下方依次写明答辩人的基本情况。
>
> 正文逐一写明答辩意见。
>
> 结尾内容规范，包含“此致”和仲裁机构名称、答辩人的信息及成文日期。
>
> 附项列明本仲裁答辩书副本份数和书证名称及其件数等信息。

点评

这篇仲裁答辩书写明了仲裁答辩应包含的各项内容，对申请人提出的要求逐一进行答复和辩护，并在文末总结了答辩意见。全文格式规范，观点鲜明，论证有力。

病文会诊

劳动争议仲裁答辩书

答辩人：××有限公司

尊敬的××区劳动人事争议仲裁委员会：

贵委“××劳人仲院××庭收字【20××】6号”应诉通知书收悉，现就申请人与××有限公司（以下称为“答辩人”）劳动争议一案，提出答辩如下。

一、申请人请求答辩人支付其20××年11月、12月工资，共计13 677.42元

答辩意见：答辩人就申请人工作失职及严重违反单位规章制度一事于20××年12月8日、20××年12月20日、20××年12月22日、20××年12月23日前后4次与申请人进行沟通。在第二次沟通后，即20××年12月20日起，申请人便再未到答辩人处上班，依照员工手册《假期管理制度》的规定，视为旷工（自离），后申请人并未到答辩人处办理任何相关的手续。答辩人的薪资发放制度规定：离职工资依据员工的考勤记录及本人签名确认后发放；自离人员工资暂不发放，待办完相关手续后发放。故申请人11月、12月的工资暂未发放。依照规定，自离人员工资将在次月的工资发放日统一发放，即申请人20××年11月、12月工资将在20××年1月底（31日）前统一发放，具体发放金额依照申请人实际考勤计算，故申请人要求的金额与实际情况不符。

二、申请人诉称答辩人违法解除与申请人的劳动关系，请求支付申请人经济赔偿金140 927.5元

答辩意见：自20××年11月起，答辩人先后收到针对申请人滥用职权、徇私舞弊和败坏公司风气的各种举报材料。为此，答辩人专门成立调查小组，经过近1个月的走访调查，发现申请人确实存在滥用职权、徇私舞弊等现象。答辩人据此与申请人解除劳动关系。

答辩人：××有限公司

20××年×月×日

【会诊提示】

（1）答辩人的基本信息过于简略。

（2）正文未写明申请人损害公司利益及违反公司管理制度的具体事实。

（3）正文中未写明答辩人与申请人解除劳动关系的法律依据。

（4）结尾处缺少“此致”“××区劳动人事争议仲裁委员会”等内容。

写作训练

请根据以下资料，拟写一篇仲裁文书。

20××年5月5日，××面粉厂（以下简称“A工厂”）与××投资有限公司（以下简称“B公司”）签订“联合创办淀粉厂的协议书”，约定双方共同投资建厂。A工厂负担建厂总费用的三分之一，B公司负担建厂总费用的三分之二，投产后利润按照出资比例分成。协议书第12条规定：“本协议签订后，双方信守协议，不得以任何理由单方终止。任何一方终止协议，一切后果由提出终止协议方承担。”

淀粉厂于20××年6月筹建施工，计划20××年12月底建成投产。

不料，20××年8月，B公司突然提出不再给淀粉厂投资。为此，A工厂数次找B公司协商，但B公司不予理会，公然单方终止协议。B公司不但不承担任何经济损失，还无理要求A工厂承担剩余的投资款项。

A工厂多次规劝B公司继续履行协议，但B公司根本听不进去，置双方签订的协议书于不顾。

任务二　掌握经济诉讼文书的写作方法

职业场景

××财务代理公司与××通信技术有限公司为合作关系。近期，××财务代理公司多次与××通信技术有限公司沟通，希望××通信技术有限公司能够尽快支付其拖欠的服务费，但均无果。最终，××财务代理公司决定起诉××通信技术有限公司，并交由公司员工小张撰写一篇经济纠纷起诉状。

小张首先明确了经济纠纷的原因，然后按照经济纠纷起诉状的结构，整理出状头、案由、诉讼请求、事实与理由等要素，最后在这些材料的基础上，以事实和法律规定为依据撰写出一篇标准的经济纠纷起诉状。

请思考：经济纠纷起诉状中的状头、案由、诉讼请求等分别指什么，应如何撰写？

一、经济诉讼文书概述

（一）经济诉讼文书的概念

经济诉讼文书是指经济纠纷案件的当事人为了维护自身权益，向人民法院提交的财经法律文书的总称。经济诉讼文书主要包括经济纠纷起诉状、经济纠纷上诉状、经济纠纷申诉状和经济纠纷答辩状等。

（二）经济诉讼文书的写作要求

1. 事实陈述要客观

经济诉讼文书的撰写需要以事实为依据，以法律为准绳，以保证诉讼内容的真实性和准确性。经济诉讼文书只有从客观事实出发，实事求是地对其进行陈述，当事人的请求或意见才能被人民法院采纳。

2. 叙述要有重点

虽然经济诉讼文书要全面、准确地揭示事情的本来面貌，但也不必事无巨细，而是要重点罗列关键内容，做到主次分明。

3. 程序应合法

经济诉讼文书的撰写和提交必须符合《中华人民共和国民法典》《中华人民共和国民事诉讼法》等相关法律规定。只有这样，经济诉讼程序才能有效展开，经济诉讼文书的质量也会更加有保证。

4. 行文要规范

同其他财经应用文一样，经济诉讼文书具有统一的书写格式和语体特点，其内容要素也是固定的。因此，经济诉讼文书应按照相关的格式和表述规范撰写。

二、经济纠纷起诉状

（一）经济纠纷起诉状的概念

经济纠纷起诉状是指经济纠纷案件的一方当事人在自己合法权益受到损害，且不能通过协商或仲裁的方式解决时，向人民法院提起诉讼，请求其依法审理、裁决时所制作的经济诉讼文书。

课堂互动

提起经济纠纷诉讼的条件有哪些？

（二）经济纠纷起诉状的结构与写法

经济纠纷起诉状一般由标题、状头、案由或事由、诉讼请求、事实与理由、结尾、附项 7 个部分构成。

1. 标题

标题应写在页面第一行居中的位置，通常由案件类别和文种构成，如“经济纠纷起诉状”，也可简写为“起诉状”。

2. 状头

状头应写明当事人的基本情况。具体来说，状头应先写明原告人的基本情况，再写明被告人的基本情况。如果当事人是公民，状头应依次写明其姓名、职业、工作单位和职务等信息；如果当事人是法人或其他组织，状头应依次写明其单位名称、地址，法定代表人的姓名、职务、联系电话，企业性质，统一社会信用代码，经营范围和经营方式，开户银行和账号等信息。

如果有诉讼代理人，撰写者应另起一行写明诉讼代理人的基本情况及其与当事人的关系。

当事人如果不止一人，应按照其在案件中的地位与作用依次列写。如果案件的处理与另外的公民、法人或其他组织有法律上或事实上的利害关系，则撰写者应将上述相关组织或个人列为第三人，并在被告人之后另起一行写明第三人的基本情况。

3. 案由或事由

这部分内容要简单叙述原告方因何事起诉，如索要货款等。

4. 诉讼请求

这部分内容要简单叙述原告方请求人民法院依法裁决的具体事项，或诉讼的目的。

5. 事实与理由

这一部分是经济纠纷起诉状的核心内容，关系到人民法院是否受理此案。这部分内容主要包括事实经过、证据、理由和法律依据。事实与理由的撰写要详略得当、简明扼要，且必须与诉讼请求相吻合。

6. 结尾

结尾应按照信函格式写上“此致”、“××人民法院”、起诉人（签名或盖章），并写明日期。

7. 附项

附项位于经济纠纷起诉状最后一页的左下角，主要包括本状副本份数、物证名称及其件数、书证名称及其件数等。其中，经济纠纷起诉状的副本份数与被告方的数量一致。

三、经济纠纷上诉状

（一）经济纠纷上诉状的概念和特点

1. 经济纠纷上诉状的概念

经济纠纷上诉状是指经济纠纷案件当事人或其法定代理人，不服一审法院的判决或裁定，依照法定程序和期限，向上一级人民法院提起诉讼，请求撤销、变更原审判决、裁定，或提请其重新审理案件时提交的经济诉讼文书。上诉是法律赋予诉讼当事人的一种权利。上诉和对上诉案件审理，不仅可以保护当事人的合法权益，维护法律尊严，同时也有利于提高办案质量，避免或减少冤、假、错案的发生。

2．经济纠纷上诉状的特点

1）针对性

经济纠纷上诉状是针对人民法院的一审判决或裁定而撰写的，能够直接指出一审判决或裁定中的事实认定错误、理由的不充分或适用法律的错误，并有针对性地写出不服一审判决或裁定的意见、看法，以及自己的请求，所以具有较强的针对性。

2）时限性

上诉有时间限制。上诉人必须在法院规定的时间内上诉，否则会被视为服从一审判决或裁定。因此，经济纠纷上诉状的撰写也会在规定的时间内完成，具有较强的时限性。

（二）经济纠纷上诉状的结构与写法

经济纠纷上诉状的格式和经济纠纷起诉状的格式相似，由标题、状头、案由、上诉请求、上诉理由、结尾和附项 7 个部分构成。

1．标题

标题可直接使用文种名称，即“经济纠纷上诉状”，也可简写为“上诉状”。

2．状头

状头应写明上诉人和被上诉人的基本情况，其所包含的内容、顺序与经济纠纷起诉状相同。

3．案由

案由应写明不服一审判决或裁定的缘由，包括提出上诉的判决或裁定的案件名称、一审法院、判决或裁定的时间、判决书或裁定书的编号，并表明上诉的态度。

4．上诉请求

上诉请求应写明上诉人上诉目的，如要求二审人民法院撤销原审判决，重新审理案件，或要求其对一审判决做部分变更。上诉请求要一针见血地提出来，不能含糊其词。

5．上诉理由

上诉理由是经济纠纷上诉状最重要的内容。其应从认定事实（案件推论事实是否真实、清楚、准确）、适用法律（引用法律是否恰当、正确）、适用程序（民事诉讼程序）等方面进行论证。

6．结尾

结尾应写明致送人民法院的名称、上诉人（签名或盖章）、上诉时间。

7．附项

附项位于经济纠纷上诉状最后一页的左下角，内容包括经济纠纷上诉状副本份数，书证、物证件数。需要注意的是，经济纠纷上诉状的副本份数应与被上诉人的人数一致。

（三）撰写经济纠纷上诉状时的注意事项

（1）抓住关键，有的放矢。经济纠纷上诉状主要应针对一审判决书或裁定书在认定事实、判断定性、适用法律及法律程序等方面的错误或不当提出不服的理由，而不是针对对方当事人。

（2）引述原判，方法适当。经济纠纷上诉状可根据具体需要引用一审判决书或裁定书的原文，也可以用归纳、概括的方式，表述一审判决书或裁定书的大意。

课堂互动

请从诉讼原因、受文机关和处理程序等方面，说一说经济纠纷上诉状与经济纠纷起诉状的区别。

四、经济纠纷申诉状

（一）经济纠纷申诉状的概念与特点

1．经济纠纷申诉状的概念

经济纠纷申诉状是指经济纠纷案件的当事人或法定代理人，对已经产生法律效力的判决或裁定，向原审人民法院或其上一级人民法院提出申请复查或重新审理的经济诉讼文书。

经济纠纷上诉状
与经济纠纷起诉状的区别

经济纠纷申诉状有助于维护申诉人的合法权益，是人民法院受理申诉请求的法律依据，是人民法院再审案件的来源之一，也是司法机关发现冤案、错案的一个重要途径。

2．经济纠纷申诉状的特点

1）不受限制性

无论判决或裁定是否经过上诉，或是否执行完毕，申诉人都可以不受时间限制地撰写并提交经济纠纷申诉状。

2）效应难测性

经济纠纷申诉状只是人民法院是否重新启动审判程序的参考材料，其不一定能确保审判程序的重新开启。

（二）经济纠纷申诉状的结构与写法

经济纠纷申诉状一般由标题、状头、申诉案由或事由、申诉请求、申诉事实与理由、结尾、附项 7 个部分构成。

1．标题

标题可直接使用文种名称，即“经济纠纷申诉状”。

2．状头

状头应写明申诉人和被申诉人的基本情况，其内容与经济纠纷起诉状相同。

3．申诉案由或事由

这部分内容应写明申诉人姓名（或单位名称）、申诉的案件名称、做出生效判决或裁定的人民法院的名称、判决书或裁定书的编号及制作日期，并表明申诉人对该判决或裁定不服，提出申诉的态度。

4．申诉请求

这部分内容应简明扼要地写出请求人民法院予以解决的问题，如请求人民法院撤销或变更原审判决、裁定，或重新审理案件。

5．申诉事实与理由

这一部分是经济纠纷申诉状的核心内容，也是能够促使审判程序重启的重要依据。这部分内容应针对原审判决或裁定在认定事实、适用法律和诉讼程序等方面的不当之处，全面、客观、准确地陈述案件的有关事实，明确指出原审判决或裁定中的错误，提供有关的证据材料并依据有关法律进行论证。

6．结尾

结尾应写明经济纠纷申诉状致送的机关名称、申诉人（签名或盖章），以及申诉日期。

7．附项

附项位于经济纠纷申诉状最后一页的左下角，应写明经济纠纷申诉状副本份数、原审判决书或裁定书的副本份数和有关证据材料。

（三）撰写经济纠纷申诉状时的注意事项

（1）事实和证据必须真实可靠。

（2）撰写者要针对生效判决或裁定中的错误进行申诉，并恰当引用法律条文来证明申诉论点，不可论而无据。

（3）申诉状中的请求事项应合法、合理。

五、经济纠纷答辩状

（一）经济纠纷答辩状的概念与特点

1．经济纠纷答辩状的概念

经济纠纷答辩状是指在经济诉讼活动中，被告人或被上诉人针对原告或上诉人的诉状内容，进行回答和辩解的经济诉讼文书。它是与经济纠纷起诉状或经济纠纷上诉状相对应的经济诉讼文书。

2. 经济纠纷答辩状的特点

1）特定性

经济纠纷答辩状只能由被告人或被上诉人提交，其使用对象具有特定性。

2）针对性

经济纠纷答辩状必须针对经济纠纷起诉状或经济纠纷上诉状的内容，有的放矢地进行答辩，因而具有较强的针对性。

3）论辩性

经济纠纷答辩状运用有力的论据和有关的法律条文，通过论辩和反驳，以求驳倒原告人或上诉人的观点和论据，从而证明自己观点的正确，具有极强的论辩性。

（二）经济纠纷答辩状的结构与写法

经济纠纷答辩状一般由标题、状头、案由、答辩理由、答辩意见、结尾和附项 7 个部分构成。

1. 标题

标题可使用文种名称，即“经济纠纷答辩状”，也可简写为“答辩状”。

2. 状头

状头应写明答辩人的基本情况，其内容与经济纠纷起诉状相同。

3. 案由

案由应简要叙述对何单位或对上诉的何案进行答辩。一般写法为“答辩人于××××年×月×日收到××法院交来原告人（或上诉人）因××一案的起诉状（或上诉状），现答辩如下”。

4. 答辩理由

答辩理由是经济纠纷答辩状的核心内容，主要针对原告人或上诉人的诉讼请求及其所依据的事实和理由进行反驳和辩解，并可提出相反的事实、证据和理由，阐明自己对案件的主张和理由。其一般从事实和适用法律两个方面进行答辩，如起诉状（或上诉状）中所写事实是否符合实际情况，原告人（上诉人）对法律条文理解错误以致提出不合法的要求等。

5. 答辩意见

在有针对性且充分地阐明答辩理由的基础上，答辩人应提出自己的答辩意见。答辩意见可包括以下内容：① 根据确凿的事实与证据，证明己方行为的合理性；② 依据有关法律条文，说明己方答辩理由的合理性；③ 归纳答辩事实，揭示对方当事人法律行为的谬误；④ 提出对本案的处理意见，请求人民法院予以合理的判决与裁定。

6. 结尾

结尾应写明致送人民法院的名称、答辩人（签名或盖章）、答辩时间。

7. 附项

附项位于经济纠纷答辩状最后一页的左下角，应写明有关人证的姓名、住址、联系方式，物证、书证的名称、件数。

（三）撰写经济纠纷答辩状时的注意事项

（1）据理反驳。答辩人在撰写经济纠纷答辩状时，应依次注意以下 3 点：① 紧紧抓住对方事实陈述的错误或有关法律引用的错误，建立反驳的论点；② 列举客观事实和恰当的证据作为反驳的论据；③ 经过分析论证，推出合乎逻辑的结论。

（2）抓准关键。抓准关键是指找到双方当事人在经济纠纷案件中争执的焦点、问题的要害，针锋相对地答辩。

（3）语言可较为尖锐、犀利。经济纠纷答辩状的论辩性决定了其可使用尖锐、犀利的语言进行反驳。无可争辩的事实加上尖锐、犀利、富有气势的语言，有助于答辩人在诉讼中变被动为主动。需要注意的是，如果对方的诉讼请求合理、合法，也应实事求是地予以承认，绝不能违背事实和法律。

（4）注意答辩时限。《中华人民共和国民事诉讼法》规定，被告人应在收到经济纠纷起诉状副本 15 日内提交答辩状；被上诉人应在收到经济纠纷上诉状副本 15 日内提交答辩状。因此，被告人或被上诉人应在法定期限内尽快撰写、提交答辩状，及时行使答辩权利。过期就等于自动放弃自我保护或争取合法权益。

【范文一】

经济纠纷起诉状	批注
经济纠纷起诉状	标题直接写明文种。
原告：××公司 **公司地址：**××市××区××街×号 **法人代表：**×××，系公司经理 **被告：**××公司 **商店地址：**××市××区××路×号 **法人代表：**×××，系公司经理	状头写明原告和被告的基本信息。
案由：追索货款，追偿损失。 **诉讼请求：** 1. 责令被告偿还原告货款××万元。 2. 责令被告偿还拖欠原告货款 3 个月的利息损失，共计×××元。 3. 责令被告赔偿原告因提起诉讼而产生的一切费用，包括诉讼费和律师费等，共计××××元。 **诉讼事实和理由：** 原告和被告于 20××年 8 月 18 日商定，被告从原告处购进×	正文部分根据实际情况，写明案由，列明诉讼请求，并详细叙述事实和理由，最后列出证据和证据来源。

×商品，价值人民币××万元。原告于当年8月19日将××商品用车运送至被告处，被告立即开出××万元的转账支票交付原告。原告在收到转账支票的第二天去银行转账时，被告开户银行告知原告，被告账户上的存款只有×万余元，不足以清偿货款。支票也因此被银行退回。当原告再次找被告索要货款时，被告无理拒付。后来原告多次找被告交涉，均被被告以经理不在为由拒之门外。

根据《中华人民共和国民法典》第××条第×款和第××条第××款的规定，被告应当承担民事责任，原告有权要求被告偿付货款，并赔偿由于被告拖欠货款而给原告带来的一切经济损失。

证据和证据来源：

1. 被告收到货后签收的收条1张。
2. 银行退回的被告方开具的支票1张。
3. 法院和律师事务所的收费收据×张。

此致

××区人民法院

起诉人：××公司（公章）

20××年××月×日

附：

1. 本状副本×份
2. 书证××份

> 结尾按照信函格式写明相关信息。
>
> 附项列明起诉状副本份数与书证份数。

点评

这篇经济纠纷起诉状的状头介绍了双方当事人的单位名称、地址和法人代表的信息，案由明确，诉讼请求具体，事实清楚，陈述理由合情合理，并准确引用了法律条文。整篇起诉状有理有据，起诉成功的概率较大。

【范文二】

经济纠纷上诉状

上诉人：××××有限公司

地址：××市××区××街××号

法定代表人：××× **职务：**总经理

被上诉人：××××有限公司

地址：××市××区××路××号

法定代表人：×× **职务：**总经理

案由：

上诉人因×××一案，不服××市××区人民法院××××年×月××日（×）初字第××号判决，现提出上诉。

上诉请求：

1. 依法撤销原审判决，予以改判。

> 标题直接写明文种，清晰明确。
>
> 状头写明上诉人与被上诉人的基本信息。

2. 判决被上诉人给付其所欠款项人民币××万元整。

3. 本案一、二审诉讼费用由被上诉人全部承担。

上诉理由：

1. 原审判决认定事实错误

20××年6月15日，上诉人与被上诉人签订广告代理合同。合同约定：上诉人自20××年6月28日起至10月18日止在××区××大街两侧悬挂印有被上诉人标志的广告吊旗，被上诉人支付广告代理费××万元。

合同订立后，上诉人报相关主管部门批准，于20××年6月28日起开始在指定路段悬挂由被上诉人总经理××审定的广告吊旗。自9月10日起，天气状况逐渐恶劣，连日刮风下雨使悬挂的广告吊旗破损较多。虽然上诉人一再补挂，仍有损市容市貌。为此，有关部门下令自9月15日起停止悬挂该广告吊旗，并摘除已悬挂的广告吊旗。

以上事实，有有关主管部门出具的证明为证。然而，原审判决却认定上诉人悬挂广告吊旗这一举动未经有关部门批准，且未能按照约定的期限实行，这一认定违背了事实真相，是错误的。

2. 原审判决适用法律错误

原审判决在对事实认定错误的基础上，将上诉人与被上诉人之间订立的广告代理合同认定为无效合同，并适用《中华人民共和国民法典》关于合同的效力的规定判决由上诉人承担责任，返还被上诉人交付的××万元广告代理费。这在适用法律上亦是错误的。

上诉人与被上诉人依据各自真实的意思签订的广告代理合同符合《中华人民共和国民法典》的相关规定，属合法、有效的合同，合同订立后，上诉人又依据广告代理的相关规定，到有关部门办理了相应的手续，并实际履行了该合同确定的义务，应当受有关法律的保护。

根据上述事实和有关法律，特请求依法撤销原审判决，予以改判。

此致

××市中级人民法院

上诉人：××××公司

20××年×月×日

附：

1. 本状副本×份

2. 证据材料××份

> 正文部分首先简要概括案由，然后根据原先审判的结果提出上诉请求，最后以“特请求依法撤销原审判决，予以改判”结束正文，并写明上诉状递交的法院名称。

> 附项列明上诉状副本与证据材料的数量。

点评

这篇经济纠纷上诉状的上诉请求共有3条，均写得较为明确。上诉理由从事实的认定和法律的适用两个方面，阐述了原审判决的错误所在，理由很充分，最后又以总括性语言重申改判请求。全文结构标准，简单有效，是一篇较为典型的经济纠纷上诉状。

病文会诊

经济纠纷申诉状

申诉人：××建筑工程公司

地址：××市××路××号

法定代表人：高××　　　　　职务：经理

被申诉人：××工贸公司

地址：××市××路×号

法定代表人：朱××　　　　　职务：经理

案由：

钢材购销合同纠纷。

申诉人对××市××区人民法院20××年×月16日（20××）×字×号判决不服，现向人民法院提起申诉。

申诉请求：

1. 撤销××市××区人民法院（20××）×字×号判决。
2. 退还货款50万元人民币并支付违约金5.5万元人民币。

申诉理由：

××钢铁厂提供的30吨盘条不是该厂所生产的，且规格、质量不符合建筑要求。原审判决认定事实不清，没有调查清楚××工贸公司是否有能力供货，就判决让××工贸公司继续履行判决，导致生效判决无法执行，申诉人的合法权益长期得不到保障。

基于上述事实，特向人民法院提起申诉，请求人民法院重新审理本案，撤销原审判决，判令××工贸公司退还货款50万元人民币并支付违约金5.5万元人民币，以维护申诉人的合法权益。

此致

××省高级人民法院

申诉人：××建筑工程公司（盖章）

20××年×月29日

【会诊提示】

（1）申诉理由表述得过于简略，没有详细说明事实情况和法律依据。

（2）文末没有列明附项。

答辩人：深圳××食品工业有限责任公司

地址：深圳市宝安区××街道××路××工业区×号

法定代表人：梁××，男，任公司总经理

委托代理人：卢××，男，任公司体系部经理，电话：×××××××××××

委托代理人：刘××，男，任公司法务专员，电话：×××××××××××

被答辩人：李××，男，住深圳市××区××××，电话：×××××××××××

对于原告诉我公司买卖合同纠纷一案，现依法做出如下答辩意见。

一、针对原告的第 1、2 项诉讼请求，我方认为其陈述的理由与事实不符，理由如下。

第一，我方委托黑龙江省×××食品有限责任公司（以下简称“黑龙江×××”）生产的××牌玉米渣产品合法取得相关第三方权威机构出具的检测合格报告和质量认证证书，无食品安全质量问题，符合国家相关食品安全质量标准，且在保质期内，并不会对人体健康造成任何损害。

…………

综上所述，我方涉案××牌玉米渣产品并无产品质量问题，不会对消费者人身、财产造成任何损害，原告也并未举证证明自己因食用涉案产品而遭受了人身、财产方面的损害事实。而我方涉案产品预包装缺少配料表仅属于标签标注不规范的情形，依法属于市场监督管理部门的管辖范围，原告作为消费者可以向有关行政部门反映情况。其单以标签标注不规范为由要求退货及 10 倍赔偿，混淆了行政责任与民事责任的界限。因此，原告第 1、2 项主张无法律事实依据，系其对法律条文的误读，请求人民法院依法判令驳回原告上述两项诉讼请求。

二、针对原告第 3 项诉讼请求，我方认为其主张无事实、法律依据，理由如下。

原告提交的购物清单表明其于 20××年×月×日在深圳××百货有限公司一次性购买了 16 种不同厂家生产的产品，但并未举证证明其主张的交通费、误工费损失系因购买、食用我方涉案产品所致，因此，无证据表明其主张的损失与我方涉案产品有法律上的因果关系……

此致

深圳市××区人民法院

答辩人：深圳××食品工业有限责任公司

附：

1. 证据复印件 5 份，共 10 页
2. 答辩状副本 2 份

【会诊提示】

（1）此篇文书缺少标题。

（2）文末没有以总结性的语句写明自己的诉讼请求。

（3）结尾没有写明答辩日期。

写作训练

请根据下列材料，拟写一份经济纠纷申诉状。

××电子股份有限公司（以下简称“A公司”）与××芯片制造有限公司（以下简称“B公司”）买卖合同纠纷一案经××市人民法院和××省××市中级人民法院两审已告终结。终审判决理由认定A公司欠B公司货款88 969元。B公司认为判决有误，请求对该案提起再审，理由如下。

B公司与A公司于20××年7月18日签订付款协议，约定如下内容：① A公司于20××年7月内付款90 000元；② A公司于20××年8月内付款190 000元；③ A公司于20××年9月将余款全部付清。协议签订后，A公司仅在20××年7月29日向B公司付款20 000元，也就是说，A公司至少还有260 000元尚未偿付。另外，在双方履行买卖合同的过程中，A公司向B公司交付的转账支票中有23张因账户余额不足或支票密码不符等原因而未得到兑付，票面金额共计724 947元。在23张转账支票遭银行退票后，A公司共向B公司支付了462 929元，其中的382 277元是用于弥补23张转账支票遭到退票的支票款，实际尚有342 670元未付清。

××省××市中级人民法院在二审庭审过程中数次组织双方对账，并对双方均无争议的事实予以认定，但对争议事实未做全面审理，对不利于A公司的证据视若无睹，而直接采信了不利于B公司的相关证据，从而武断地做出了A公司只欠B公司88 969元货款的错误判决。

项目自测

一、不定项选择题

1. 下列选项中，属于财经法律文书写作要求的是（　　）。

A. 主旨鲜明　　B. 言之有物

C. 材料真实　　D. 内容合法

2. 仲裁文书的特点是（　　）。

A. 法律性　　B. 保密性

C. 独立性　　D. 随机性

3．下列选项有关仲裁文书的说法，错误的是（　　）。

A．仲裁文书可分为仲裁申请书和仲裁答辩书

B．撰写仲裁答辩状的时候可以引述原判

C．仲裁文书应通过逐步推理和分析，得出最终结论

D．仲裁文书的事实陈述应当清晰、准确和客观

4．经济纠纷上诉状的特点是（　　）。

A．针对性　　B．操作性

C．时限性　　D．创意性

5．下列选项中，属于经济纠纷申诉状要素的是（　　）。

A．状头　　B．申诉案由

C．申诉请求　　D．答辩理由

6．下列有关撰写经济纠纷答辩状时的注意事项，说法正确的是（　　）。

A．据理反驳　　B．抓准关键

C．独具创意性　　D．语言可较为尖锐、犀利

二、简答题

1．简述财经法律文书的作用。

2．简述仲裁申请书的结构与写法。

3．简述经济纠纷上诉状的结构与写法。

4．简述经济纠纷申诉状的特点。

5．简述经济纠纷答辩状常见的答辩意见的内容。

全班同学每 5 人一组，结合写作训练与项目自测的完成情况，按照表 8-1 的评价标准，对本项目的学习情况进行自评和互评，并请老师进行总体评价。

表 8-1　考核评价表

考核内容	评价标准	分值	评价得分		
			自评	互评	师评
知识与技能考核（60%）	能够复述财经法律文书的概念和作用	5			
	能够简述财经法律文书的写作要求	5			
	能够复述仲裁文书、经济纠纷起诉状、经济纠纷上诉状、经济纠纷申诉状、经济纠纷答辩状的概念，并能说明它们各自的特点	15			
	掌握仲裁文书、经济纠纷起诉状、经济纠纷上诉状、经济纠纷申诉状、经济纠纷答辩状的结构与写法	20			
	明确仲裁文书、经济纠纷起诉状、经济纠纷上诉状、经济纠纷申诉状、经济纠纷答辩状的写作注意事项	15			
过程与方法考核（20%）	课前主动预习，积极搜集各类财经法律文书范文	5			
	认真分析所搜集的财经法律文书范文的作用、结构和语言特点	5			
	积极参与课堂讨论，并与同学交流自己的观点	5			
	认真完成课后训练，善于通过模仿提高写作水平	5			
综合素养考核（20%）	能够从理性思维出发，分析和解决实际问题	5			
	学会从多个角度看待问题	5			
	学会用法律维护自身的权益	5			
	提升对信息的洞察力和判断力，增强思辨能力	5			
总评	自评（20%）+互评（20%）+师评（60%）=	教师（签名）：			

参考文献

[1] 刘春丹. 财经应用文写作（第三版）[M]. 北京：北京大学出版社，2017.

[2] 刘常宝. 财经应用文写作（第 2 版）[M]. 北京：机械工业出版社，2019.

[3] 刘康乐. 财经应用文写作（第 2 版）[M]. 北京：中国财政经济出版社，2019.

[4] 李薇. 财经应用文写作（第三版）[M]. 北京：高等教育出版社，2020.

[5] 方玲，万立群. 财经应用文写作 [M]. 北京：人民邮电出版社，2020.

[6] 陈承欢. 财经应用文写作（第 2 版）[M]. 北京：人民邮电出版社，2021.

[7] 杨光辉，李良玉，方立群. 新编应用文写作项目教程 [M]. 上海：上海交通大学出版社，2022.

[8] 白文勇. 新编应用文写作 [M]. 上海：上海交通大学出版社，2023.

[9] 李永霞，陈志洁，王娟. 应用文写作 [M]. 上海：上海交通大学出版社，2024.